Gott wählen

Ein Kurs in Wundern
aus der Vogelperspektive

FSC
www.fsc.org
MIX
Papier aus ver-
antwortungsvollen
Quellen
Paper from
responsible sources
FSC® C105338

Gott wählen

Ein Kurs in Wundern

aus der Vogelperspektive

Charles L. Whitfield

Gott wählen
Ein Kurs in Wundern aus der Vogelperspektive
Charles L. Whitfield

Titel der englischen Originalausgabe:
Choosing God
A Bird`s eye View of A Course in Miracles
Erschienen bei Muse House Press
Copyright © 2010 Charles L. Whitfield

Homepage des Autors: www.charleswhitfield.org

Deutsche Erstausgabe 2024
Veröffentlichung der deutschen Ausgabe
mit der Genehmigung von Barbara Whitfield.
Alle Rechte für die deutsche Ausgabe vorbehalten.

Übersetzt und herausgegeben von:
Florian Daniel (www.praxis-freiraum.one)

Email: info@praxis-freiraum.one

YouTube- und gleichnamiger Telegram Kanal:
@Ein Heiliger Augenblick

Illustration & Covergestaltung: Florian Daniel
Korrektorat: Judith Boine, Lisa Schwarz

Erschienen bei Jesus – Books
Verlag für junges Bewusstsein
www.jesus-books.de

Herstellung und Verlag: BoD – Books on Demand, Norderstedt

ISBN 978-3-75837-153-0

Inhaltsverzeichnis

Danksagung und Anerkennung

Dank und Anerkennung für die Erlaubnis, Material aus den folgenden Quellen zu verwenden oder zu zitieren:

Kenneth Wapnick für mehrere gekennzeichnete Zitate und für die Erlaubnis, sein Schaubild 1 aus seinem Buch A Vast Illusion von 1990 wiederzugeben: Time according to ACIM.

Robert Perry für die Erlaubnis, einen Teil seiner Arbeit über den Kurs zusammenzufassen, mit dem Verweis zu einer Übersicht über die Entwicklung der Kursversionen in einem wissenschaftlichen Artikel auf seiner Website: www.circleofa.org.

Allen Watson für die Erlaubnis, sein Diagramm der Reise nach Hause aus seinem Buch *The Journey Home* von 1994 abzudrucken.

Meiner Frau Barbara für ihre Hilfe beim Tippen des Manuskripts und unser gemeinsames und individuelles Studium des Kurses.

Meinen vielen anderen Kolleginnen und Kollegen, von denen einige in den Literaturangaben genannt werden, die über den Kurs schreiben und lehren, für ihre fortwährende Inspiration, und den Vorstandsmitgliedern der Foundation for Inner Peace für die selbstlose Weitergabe des Kurses an uns.

Den Anonymen Alkoholikern für die Erlaubnis, ihre Zwölf Schritte zu vervielfältigen.

Und an Helen Schucman und Bill Thetford dafür, dass sie *A Course in Miracles* erhalten und mit der redaktionellen Unterstützung von Kenneth Wapnick und der verlegerischen Unterstützung von Judy Skutch Whitson von der Foundation for Inner Peace mit uns allen geteilt haben; und an die beiden Letztgenannten für die Erlaubnis, Fotos aus den Archiven von ACIM und der DVD *Memories of Helen & Bill* zu verwenden.

Widmung

Gewidmet

allen spirituellen Suchern,

Menschen auf dem Genesungsweg,

denjenigen in Zwölf-Schritte-Programmen,

Menschen mit Nah-Tod-Erfahrungen,

Agnostikern, Atheisten

und

den religiös und spirituell Neugierigen.

Verwendung von Textstellenangaben in diesem Buch

In diesem Buch wird die gängige Art der Textstellenangabe verwendet:

T = Textbuch

Ü = Übungsbuch

H = Handbuch für Lehrer

P = Psychotherapie (Ergänzungen)

L = Lied des Gebets (Ergänzungen)

B = Begriffsbestimmungen
(am Ende des Handbuchs für Lehrer)

OE = Originaledition

Beispiele für Textstellenangaben:

T-2.V.4	Textbuch Kapitel 2 Abschnitt 5 Absatz 4
H-28	Handbuch für Lehrer Abschnitt 28
B-6.2	Begriffsbestimmungen Abschnitt 6 Absatz 2
Ü169.2	Übungsbuch Lektion 169 Absatz 2
ÜII.254.3	Übungsbuch Teil II Lektion 254 Absatz 3
OE-T-1.I.25	Originaledition Textbuch Kapitel 1 Abschnitt 1 Abs. 25

Vorwort
zur deutschen Übersetzung

Als ich die beiden Bücher von Charles Whitfield (*Gott wählen & Lehrer Gottes*) las, entschlüsselte sich für mich Vieles, was ich in den fünf Jahren zuvor aus dem Kurs erfahren hatte, auf eine rasante Art und Weise. Sie waren wie ein Katalysator oder eine fehlende Zutat, die mir die Augen für den Kurs öffneten, weshalb ich die Bücher so lieb gewann, dass ich sie schließlich mit dem Einverständnis von Charles und Barbara Whitfield übersetzte. Was Charles Whitfields Sichtweise und Art des Schreibens so interessant macht, ist vielleicht die Tatsache, dass er – wie der Untertitel schon verrät – den Kurs aus der Vogelperspektive betrachtet und auch darüber hinaus durch seine praktische Arbeit als Psychologe einen sehr ganzheitlichen Blick hat. Man spürt, dass er den Kurs nicht zu einem Religionssystem oder einem Dogma machen will, ihn aber trotzdem als einen Leitfaden auf dem spirituellen Weg tief verstanden und durchlebt hat. Auch gewinnt man das Gefühl, dass der Blick, mit dem er das Leben betrachtete von einer sehr menschlichen und praktischen Psychologie geprägt war. So war er einer der ersten Psychologen in den USA, die über das Thema des Inneren Kindes sprachen. Sein Buch *Das Innere Kind heilen* erschien im Jahre 1987. Vielleicht rührt daher die spürbar lebensnahe und liebevolle Verbindung des Kernthemas des Kurses – der Unschuld – mit dem Inneren Kind, jenem Teil von uns, dem Charles Whitfield auch eine große Nähe zu unserem Wahren Spirituellen Selbst zuschreibt. Man gewinnt den Eindruck, dass seine Perspektive den Kurs aus den teilweise abstrakten Höhen philosophischer und spiritueller Suche auf die Ebene des Herzens bringt. Eine Einfachheit begleitet die Ausführungen über den Kurs, die einer Art Übersetzung gleichkommen, ohne die Tiefe und auch die Radikalität von *Ein Kurs in Wundern* dabei zu schmälern. So empfand ich die beiden Bücher als eine Weitergabe von durchlebtem und lebendigem Wissen. Sie haben etwas sehr Ursprüngliches an sich. Vielleicht ist genau dies eine passende Art, sich der essentiellen Botschaft von *Ein Kurs in Wundern* zu nähern. Auf meiner im Impressum genannten Homepage findet sich noch ein kostenloses Ebook mit Kommentaren zu Charles Whitfields Büchern und allgemeinen Gedanken zum Kurs. Mit der deutschen Ausgabe von *Gott wählen (Band 1 & 2)* wünsche ich allen Lesern viel Freude, Erkenntnisse, Erwachens- und Erinnerungsmomente auf der spirituellen Reise.

Florian Daniel, im Mai 2024

Vorwort
von Charles Whitfield

Ein Kurs in Wundern ist das spirituell spannendste Buch, das ich je gelesen habe. Ich habe keine andere spirituelle Schrift gefunden, die intellektuell so anregend und doch so praktisch in unseren Beziehungen zu uns selbst, zu anderen und zu Gott ist.

Willst du Frieden oder Schmerz? Wenn du Frieden willst, so schlägt der Kurs vor: „Wähle Gott." So einfach ist es. Was nicht so einfach ist, ist genau zu wissen warum, wann und wie man Gott wählt. Der Kurs liefert Antworten über Antworten zu diesen Fragen und mehr. Und er nährt uns psychologisch auf vielfache Weise.

Ein Hauptaugenmerk legt der Kurs auf den Prozess des Vergebens durch das Loslassen unseres Egos. Aber während des letzten Jahrhunderts wurde das Ego mehr missverstanden als klar gesehen. Der Kurs macht unser Verständnis des Egos so klar, wie ich es sonst nirgendwo gesehen habe, was es einfacher macht, das Ego loszulassen.

Die besten Leute in Bereichen der Psychologie und Beziehungen erkannten schon lange das Bedürfnis nach einer Verbindung von Psychologie und Spiritualität. Der Kurs bietet diese Brücke an. Ich beobachte schon lange, wie es meinen Patienten besser ging durch das Einbeziehen von Spiritualität in ihr Heilungsprogramm. Ich habe auch eine Vielzahl von Menschen im Zwölf-Schritte-Programm gesehen, die den Kurs nutzten, um ihre Zwölf-Schritte-Praxis auszuweiten und weiterzuführen.

Ich persönlich habe den Kurs für über 30 Jahre genutzt als Quelle spiritueller Nahrung, und dies hat alle meine Beziehungen bereichert. Für acht Jahre haben meine Frau Barbara und ich uns meist morgens nach dem Frühstück einen Abschnitt des Kurses gegenseitig vorgelesen. Wir haben seine Prinzipien auch unterrichtet. Ich mag es besonders, dass der Kurs ein privater und persönlicher Austausch zwischen mir und seinem

Autor ist. Es gibt keine andere Autoritätsfigur, die sich zwischen mich und dem, was der Kurs sagt, stellt.

Dieses Buch ist eine **Einführung** in und die **Vogelperspektive** auf den Kurs. Es beginnt langsam und bietet schrittweise aufbauend Erklärungen für seine wichtigsten Lehrinhalte. Ich habe es genutzt in den Kursen, die ich gegeben habe zu Spiritualität im Allgemeinen und auch zum Kurs im Speziellen, hier in Atlanta und an der Rutgers University Summer School für Alkohol- und Drogenstudien.

Während dieses Buch einen klaren und nützlichen Überblick über seine wichtigsten Lehrinhalte liefert, beabsichtigt es **nicht**, ein **Ersatz** dafür zu sein, **den Kurs zu lesen und zu studieren**. Um seine volle Bedeutung und Botschaft zu verstehen, empfehle ich, dass jeder, der sich von diesem oder einem ähnlichen Buch angesprochen fühlt, sich eine Ausgabe des Kurses besorgt und sie regulär liest. Es gibt keinen Ersatz für die wirklichen Worte.

Mit diesen Worten hoffe ich, dass dieses Buch und der folgende Band *Lehrer Gottes* einen nützlichen Leitfaden liefern, um die kraftvolle und doch friedliche Botschaft von *Ein Kurs in Wundern* zu verstehen.

Einführung in den Kurs

Kapitel 1
Einführung in den Kurs

Ein *Kurs in Wundern* ist ein moderner spiritueller Text, der 1975-76 in drei Bänden veröffentlicht wurde, bestehend aus einem *Textbuch*, einem *Übungsbuch für Studierende*, und einem *Handbuch für Lehrer*. Seitdem beginnt eine steigende Anzahl spiritueller Sucher, darunter auch Menschen, die sich in der Genesungsphase von Schmerzen, Problemen und Störungen befinden, den Kurs zu lesen und zu studieren. Gleichzeitig fanden einige ihn zu kompliziert und schwer verständlich. Trotz einiger Verständnisschwierigkeiten könnte es wegen dieses steigenden Interesse nützlich sein, für jeden von ihnen sowie für die helfenden Professionen, Zwölf-Schritte-Sponsoren, Freunde und Familien, etwas über das zu wissen, was der Kurs sagt.

Der Kurs hat keine religiösen Bestrebungen, da er ein universeller Lehrplan ist um effektive spirituelle Prinzipien zu erlernen. Obwohl er eine klare christliche Ausdrucksweise und christlichen Inhalt hat, haben Menschen aus unterschiedlichen Glaubensrichtungen ihn studiert und genutzt, um ihr Leben zu bereichern. Tatsächlich waren drei der vier Mitglieder des Kernteams, das den Kurs ins Leben gerufen und veröffentlicht hat, jüdischer Herkunft.

Der Kurs ist eine sanfte und liebevolle Beschreibung dessen, was Antworten sein können auf die vier ewigen Fragen: Wer bin ich? Was tue ich hier? Wo gehe ich hin? Wie kann ich Frieden finden?

Er umrahmt, re-interpretiert und erweitert das traditionelle jüdisch-christliche Verständnis, um es für viele seiner Leser auf eine angenehmere Art zu präsentieren. Während der Kurs auch kompatibel ist mit einer universellen Spiritualität, die auch östliche religiöse Prinzipien einschließt, sagt er, dass er nur einer von tausenden von spirituellen Wegen ist, und somit nicht für jeden geeignet sein muss.

Wenn eine Person sich entschließt, ihn zu lesen, sagt der Kurs wenig darüber, wie oder in welcher Reihenfolge dies zu tun ist, zum Beispiel welches Buch oder welchen Abschnitt man zuerst lesen sollte usw. Ein Weg ist es, damit zu beginnen, das Übungsbuch täglich zu lesen, während man ebenfalls damit anfängt, das Textbuch und / oder das Handbuch für Lehrer zu überfliegen oder zu lesen.

Wie er zu Stande kam

In den späten 1960er und frühen 1970er Jahren wurde der Kurs geschrieben über eine sieben Jahre lange Periode von einer nicht-religiösen Doktorin der Psychologie und Forscherin namens Helen Schucman, die als Professorin für Psychologie am Columbia University College für Ärzte und Chirurgen arbeitete. Sie und ihr Chef, Bill Thetford PhD hatten für einige Jahre zusammengearbeitet und gemerkt, dass sie wiederholt Konflikte und Spannungen miteinander und mit anderen im College hatten. Eines Tages sagte Bill zu Helen: „Es muss einen besseren Weg geben". Helen überraschte Bill damit, dass sie sich bereit erklärte, ihn bei der Suche nach einem besseren Weg zu unterstützen.

Einige Monate später begann Helen, erinnerungsreiche Träume mit spirituellem Inhalt zu haben, bis sie 1965 eine Stimme hörte, die zu ihr sagte: „Dies ist ein Kurs in Wundern, bitte mache Notizen." Verärgert rief sie Bill an, der ihr zuhörte und ihr dann sagte, dass er alle Notizen, die sie machen würde, am nächsten Morgen privat mit ihr lesen würde. Beide waren so interessiert, dass Helen in den nächsten sieben Jahren aufschrieb, was die Stimme ihr sagte, und Bill tippte ab, was sie geschrieben hatte.

Helen und der Psychologe Ken Wapnick ordneten den Kurs schließlich in Kapitel, Abschnitte und Absätze. Mit Judy Skutch und einiger ihrer Kollegen veröffentlichten sie ihn in drei Bänden. (Um einen Überblick zu bekommen, wie der Kurs entstand, empfehle ich *Journey without Distance: The Story of ACIM* von Robert Skutch zu lesen sowie *Absence from Felicity* von Ken Wapnick). Für diejenigen die eine schnellere Präsentation wünschen, produzierte die Foundation for Inner Peace, die den Kurs veröffentlichte, ein 2,5 stündiges Video/DVD mit dem Namen *The Story of A Course in Miracles*, das in einigen Büchereien, Unity Kirchen und New Age Buchläden für etwa 60$ erhältlich ist. Auf dem Cover des Videos heißt es:

„Ein Kurs in Wundern ist ein Buch in 3 Bänden, ein Kurs zum Selbststudium, mit dem Ziel, einen Wandel in der Wahrnehmung zu erleichtern. Er wird oft als ein metaphysisches System spiritueller Psychotherapie bezeichnet und wurde niedergeschrieben zwischen 1965 und 1972 von Dr. Helen Schucman, einer hoch angesehenen forschenden Psychologin, die eine `Stimme` hörte, die ihr das Material diktierte. Während des gesamten Projektes erhielt sie Unterstützung und Assistenz von William N. Thetford, einem Professor für medizinische Psychologie am College für Mediziner und Chirurgen der Columbia Universität." (Die ACIM Website sagt, dass mehr als eine Millionen Kopien des Kurses weltweit in Umlauf sind – heute nahezu 2 Millionen. Der Kurs wurde in 18 weitere Sprachen übersetzt.)

Die erste Hälfte dieses denkwürdigen zweistündigen Films, *The Forgotten Song,* beschreibt die außergewöhnliche Geschichte, wie der Kurs zu Stande kam. Diese detaillierte Dokumentation mit Dr. Thetford wurde an Originalschauplätzen gedreht und umspannt eine 70-jährige Zeit von Helen Schucmans Leben. Sie zeigt dramaturgisch aufbereitete Szenen der psycho-spirituellen Visionen und Träume, die dazu führten, den Kurs tatsächlich niederzuschreiben. Helens eigene Worte aus ihrer unveröffentlichten Autobiographie, werden in klarer Sprache von der Schauspielerin Glynis Johns gesprochen. *The Song Remembered,* die zweite Hälfte des Films, zeigt Zeugnisse aus erster Hand von 27 Schülern des Kurses, die erzählen, was ihnen das Material bedeutet und wie es ihr Leben beeinflusst hat. Darunter sind Psychologen, Lehrer, Mediziner, Geschäftsleute, Gefängnisinsassen und andere.

Wer bin ich? Eine Landkarte des Geistes

Die Einführung zum Kurs sagt:

„Dies ist ein Kurs in Wundern. Es ist ein Pflichtkurs. Nur die Zeit, in der du ihn machst, steht dir frei. Freier Wille bedeutet nicht, dass du den Lehrplan bestimmen kannst. Es bedeutet nur, dass du wählen kannst, was du zu einer gegebenen Zeit lernen willst. Der Kurs zielt nicht darauf ab, die Bedeutung der Liebe zu lehren, denn das ist jenseits dessen, was gelehrt werden kann. Er zielt vielmehr darauf ab, die Blockaden zu entfernen, die dich daran hindern, dir der Gegenwart der Liebe, die dein angestammtes Erbe ist, bewusst zu sein. Das Gegenteil von Liebe ist Angst, doch was allumfassend ist, kann kein Gegenteil haben." (T-Einl.1)

Dieser Kurs kann daher ganz einfach so zusammengefasst werden:

Nichts Wirkliches kann bedroht werden.
Nichts Unwirkliches existiert.
Hierin liegt der Frieden Gottes.

Wenn er sagt: „Nichts Wirkliches kann bedroht werden," verstehe ich darunter, dass das Wirkliche Gott und Gottes Welt ist. Dies steht im Kontrast zum Ego und seiner Welt, die unwirklich ist, und die dem Kurs nach nicht existiert.

Was ist Gott und Gottes Welt? Ich weiß es nicht genau. Hier ist eine Landkarte der Psyche, die uns vielleicht hilft, den Kurs besser zu verstehen. Ich fand sie nützlich, da sie damit beginnt, das Göttliche Mysterium zu beschreiben und wie wir in Gottes Welt hineinpassen. Wenngleich eine Karte nicht das Gebiet ist, können Karten nützlich sein.

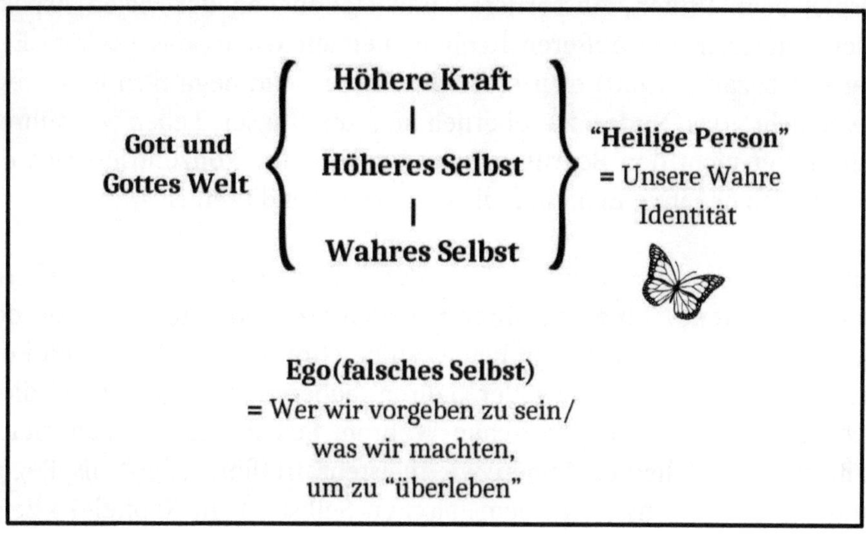

Landkarte der Psyche / des Selbst

Andere Namen für das Wahre Selbst, das ich wirklich bin, sind das Wirkliche oder Existenzielle Selbst, die Seele oder das Innere Kind. Sie sind alle das gleiche und bilden unsere wahre Identität. Ich habe ebenfalls in mir eine göttliche Natur, manchmal der Schutzengel, Atman, Buddha Natur, Christus Bewusstsein, Höheres Selbst oder einfach Selbst genannt. Und diese beiden – mein Wahres Selbst und mein Höheres Selbst – sind eng verbunden mit meiner Höheren Kraft, Gott / der Göttin / Allem-Was-Ist, von dem ein Teil auch in mir ist.

Ich sehe diese Beziehung – Wahres Selbst, Höheres Selbst, Höhere Kraft – als so eine wichtige Beziehung an, dass ich sie auch als eine Person sehen kann, die ich die *Heilige Person* nenne. Als Teil des Mysteriums macht oder konstruiert mein Wahres Selbst einen Assistenten, der mir hilft, während ich die menschliche Erfahrung erlebe. Wir nennen diesen Assistenten den Handlanger, das Ego – auch bekannt als das *falsche Selbst* oder das co-abhängige Selbst. Wenn das Ego hilfreich für uns ist, wie zum

Beispiel beim Prüfen, Aussortieren und Handhaben der vielen Aspekte unserer inneren und äußeren Realität, nennen wir es das positive Ego. Aber wie Lazaris (1980) es beschreibt, wird es zum negativen Ego, wenn es versucht, das Ruder zu übernehmen und unser Leben zu führen. Während er nicht den Begriff „negativ" verwendet, konzentriert sich der Kurs auf das negative Ego, und wie es zu transzendieren ist.

Meiner Ansicht nach ist diese Karte der Psyche weiter evolviert als die Karten von Freud, Jung und ihrer Kollegen vor 100 Jahren, als sie den Begriff „Ego" verwendeten um beides zu beschreiben, das Wahre und das falsche Selbst. Seit den 1930er Jahren haben wir angefangen, diese präzisere Differenzierung zwischen Wahrem Selbst und falschem Selbst zu machen, und heute können wir meistens treffend „Ego" als Begriff benutzen, der synonym mit dem falschen Selbst ist. In Kapitel 14 zeige ich eine ausgedehntere Karte, die entstanden ist aus meinem Verständnis einiger Begriffe aus dem Kurs. Obwohl die obige Karte nicht direkt dem Kurs entnommen ist, fanden einige Menschen, die wir unterrichtet haben und Ich, dass sie eine Basis bildet, auf der wir den Kurs leichter verstehen können.

Was wirklich ist, ist Gott und Gottes Welt, die der Heiligen Person. Der Kurs besagt, dass das Ego und seine Welt nicht real seien, und deshalb, im Großen und Ganzen des Mysteriums nicht existieren. Wenn wir diese Differenzierung machen, liegt darin unser Frieden und unsere Gelassenheit.

„*Das einzige, was das Ego wahrnimmt, ist ein separates Ganzes,
ohne die Beziehungen, die das Sein ausmachen.*"

Ein Kurs in Wundern (T-4. VII.2)

Wunder und Beziehungen

Kapitel 2
Wunder und Beziehungen

Obwohl das Folgende zu sehr vereinfacht wurde, um den voll-umfänglichen Inhalt und die Botschaft des Kurses zu beschreiben, kann es dem Erstleser einen Überblick verschaffen und weiterhin einen Rückblick, möglicherweise sogar eine neue Perspektive für einen Leser, der mit dem Kurs vertraut ist.

In der Aussage des Kurses ist ein Wunder kein Ereignis, wie das Speisen einer großen Menge mit Brot oder das Erwecken der Toten. Vielmehr ist es eine Erfahrung, die geschieht, wenn wir Gott wählen anstelle des Egos. Und es ist viel mehr. Um diese heilende Erfahrung zu verstehen, werde ich in den nächsten Absätzen einige der grundlegenden Prinzipien zusammenfassen, die ich gelernt habe beim Lesen des Kurses seit 1977 und durch die Arbeit von zwei Meisterlehrern des Kurses Robert Perry and Ken Wapnick.[1]

Hintergrund

Vieles von dem, was nun folgt, ist ein „verkopftes" oder etwas trockenes Material und es unterscheidet sich auf eine gewisse Art vom gewöhnlichen Religionsverständnis. Trotzdem empfinden die meisten Leser des Kurses seine Inhalte befreiend auf psychologischer und spiritueller Ebene. Also habe Geduld, wenn ich in diesem Kapitel einige essentiellen Prinzipien des Kurses zum Thema Beziehungen zusammen-fasse. Nach diesem Kapitel erweitert sich das Material und bietet eine lebendigere und kraftvollere heilende Psychologie und Spiritualität. Wenn

---

1 Während Perry und Wapnick den Kurs zumeist ähnlich betrachten, haben beide einige Differenzen, die sich in ihren Schriften und Lehren widerspiegelt. Zusammengefasst auf dieser Website: www.circleofa.org/articles/BigPicture.php

Du dieses Material zu schwierig findest, wechsle zum nächsten Kapitel.

Eine Hauptbotschaft des Kurses ist eine spezielle Art des Loslassens, die er *Vergebung* nennt, was eigentlich ein Loslassen unseres Egos ist, das die hauptsächliche Blockierung unserer Erfahrung Gottes darstellt. Das Ego ist ein Glaube, den wir über uns selbst haben, der besagt, dass wir getrennt von anderen und von Gott sind und vollständig auf uns allein gestellt sind.

Die Art, wie wir unser Ego loslassen (und den emotionalen Schmerz, den es kontinuierlich in uns generiert) ist, dass wir – wann immer wir nicht in Frieden sind – Gott wählen. Der Kurs sagt, dass wir, wann immer wir keinen Frieden fühlen, uns erinnern können, Gott zu wählen anstatt des Egos. Ich habe entdeckt, dass wir dies ganz einfach tun können, indem wir ein einfaches Ein-Wort-Gebet sprechen können: „Hilfe."

Der Kurs besagt, dass sich das Ego zusammensetzt aus etwas, was er die „unheilige Trinität" aus Sünde, Schuld und Angst nennt. Er beschreibt *Sünde* als unseren Glauben an Trennung, Schuld als all unsere schmerzhaften Gefühle und Glaubenssätze, und sagt, dass unsere Angst aus unserem Glauben resultiert, wir bedürfen der Strafe Gottes, da wir denken, dass wir durch die Trennung von Gott jenen verletzt oder zurückgewiesen haben.

Besondere Beziehungen

Durch unser Ego und seine unheilige Trinität verwandeln wir Gott in unseren Gegner oder Feind, und wenden uns in einem Teufelskreis an unser Ego, um Schutz zu suchen. Unser Ego sagt auf zwei Arten: „Ich werde dich retten." Zuerst leugne oder unterdrücke deine Schuld und Angst.[2] Wenn dies nicht funktioniert, dann projiziere deine Schuld und Angst *auf andere.* Wir können so unseren Schmerz projizieren durch das was der Kurs *besondere Beziehungen* nennt. Er beschreibt zwei Arten:

1) die besondere Hassbeziehung, durch Angriff, Hass, Groll oder Vorurteil.
2) Die besondere Liebesbeziehung. In der besonderen Liebesbeziehung sage ich „Ich liebe dich" und wenn du mich auf die von mir gewollte Weise liebst, wirst du mich vervollständigen. Wenn du dies nicht tust, greife ich dich an. Die besondere Liebesbeziehung nutzt bedingte Liebe, und ist teilweise das, was wir „Co-Abhängigkeit" nennen. (Whitfield 1997)

In beiden Arten dieser besonderen Beziehungen sage ich, durch mein Ego: „Du hast mir meinen Frieden genommen." Und umso mehr ich angreife, desto mehr Schuld und Scham fühle ich. Basierend auf meinem Studium des Kurses und auf Wapnicks Broschüre von 1978 *„Christliche Psychologie in Ein Kurs in Wundern"* habe ich die hauptsächlichen Charakteristika dieser beiden Arten von besonderen Beziehungen wie folgt zusammengefasst (Whitfield 1992, 97):

---

2 Der Kurs beschreibt Schuld als das, was Therapeuten und Berater besser als Scham kennen (was zu 80% das ist was der Kurs meint, wenn er sich auf Schuld bezieht. Während die verbleibenden 20% das ist was wir als Schuld verstehen.

Die besondere Beziehung

1. Leugnet die Notwendigkeit einer Beziehung zu Gott oder die Assistenz von Ihm.

2. Basiert auf Selbsthass bedingt durch Schuld und Scham.

3. Versteckt diese Scham und Schuld unter dem Deckmantel der Liebe oder des Hasses voreinander.

4. So positioniert sie die Antwort auf Scham/Schuld außerhalb von uns.

5. Nimmt an, dass es an etwas in uns mangelt und, dass wir es bräuchten, um glücklich zu sein.

6. Hat Erwartungen an den anderen (d.h. die besondere Beziehung). Dadurch leugnet sie die wahre Identität der anderen in Gott (d.h. dass sie ein Teil Gottes sind.)

7. Basiert auf dem „Mangel-Prinzip", dass es nur ein begrenztes Maß an Liebe gibt.

8. Wird zum Fokus für Ärger und Verbitterung.

9. Schiebt die Verantwortung für unser Glücklichsein auf den anderen (d.h. die besondere Beziehung). Zum Beispiel: „Wenn du nur so und so wärest, dann wäre ich glücklich."

10. Das Ego (das falsche oder co-abhängige Selbst) benutzt die besondere Beziehung, um den anderen anzugreifen, indem es Scham und Schuld auf den anderen projiziert und trotzdem Erlösung verspricht (Glücklichsein und Erfüllung).

Wenn viele Beziehungen so gestaltet sind, wie können sie je funktionieren? Die Antwort des Kurses ist, dass wir nicht mehr Kontrolle ausüben müssen, indem wir versuchen, etwas zu sein oder zu tun, was wir nicht sind (unser Ego), zum Beispiel dadurch, dass wir mehr tun, es besser oder anders machen wollen, wie unser Ego es will. Stattdessen ist alles, was notwendig ist, eine kleine Bereitwilligkeit, uns für die Heilkraft Gottes zu öffnen, auf die sich der Kurs bezieht als „das Gewahrsein für die Präsenz der Liebe", neben anderen Umschreibungen.

Wenn wir dies tun, geschieht ein Wunder. Wir verlagern unsere Wahrnehmung dadurch, dass wir Gott wählen (was der Kurs *Rechtgesinntheit* nennt) anstelle des Egos (*Falschgesinntheit*), und wir heilen. Wir wandeln einfach unsere Art des Denkens. Wir ändern unsere Sichtweise über unseren Geist. Dies resultiert in einem Prozess, der folgt als die Antwort des Kurses auf die besondere Beziehung, den er die Heilige Beziehung nennt. Dies lässt sich folgendermaßen zusammenfassen:

Die Heilige Beziehung

1. Basiert auf meiner Liebe zu Gott und zum Wahren Selbst / Höheren Selbst.

2. Ich sehe diese Liebe in jedem Menschen.

3. Ich übernehme Verantwortung für mein Leiden, indem ich nach innen schaue.

4. Ich wende mich meiner Scham, Schuld, meinem Schmerz, dem Ärger und der Verbitterung zu und lasse sie los, durch Wunder und den Vergebungsprozess.

5. Ich erkenne, dass es nur Überfluss und Liebe gibt und dass das Mangelprinzip eine Illusion ist.

6. Ich weiß, dass es in mir an nichts mangelt, dass ich ein vollendetes Kind Gottes bin und dass mein natürlicher Zustand Frieden und Gelassenheit ist.

7. Ich respektiere mein (positives) Ego (Lazaris 1980) und nutze es als einen Assistenten in meinem Wachstum.

8. Um diese Erfahrung zu erleichtern, wende ich tägliche spirituelle Übung an.

9. Ich lebe und handle aus dem gegenwärtigen Moment heraus, dem Jetzt (d.h. dem Heiligen Augenblick).

10. In Beziehungen bin ich offen und kommunikativ, vertrauensvoll, freundlich, sanft, friedvoll, freudig und feierlich.

Diese Charakteristika einer Heiligen Beziehung sind auch die einer gesunden Beziehung, die eine Balance von gesunder Abhängigkeit und gesunder Unabhängigkeit beinhaltet. Sie sind kompatibel mit dem Zwölf-Schritte-Programm und mit den Kernlehren der großen Weltreligionen, sowohl der östlichen als auch der westlichen.

Ich assistierte bei einem Paar, das in den späten 40ern war und wiederholte schmerzvolle Konflikte miteinander hatte, und dies über mehrere Jahre hinweg. Beide waren Erwachsene, die in unruhigen dysfunktionalen Familien aufgewachsen waren und einige Jahre an Ihren Themen in einem Recovery Programm gearbeitet hatten. (Dies beschreibe ich als Stufe Zwei im Genesungsprozess - später in Kapitel 8). Sie hatten beide den Kurs sowohl alleine als auch miteinander für mehrere Jahre studiert, und beide hatten oft gebetet für Hilfe mit ihren Konflikten. Während ihre Konflikte anhielten, zeigten sich einige Verbesserungen als sie den Kurs studierten und seine Prinzipien praktizierten, wie Wundergesinntheit, Vergebung und Loslassen ihrer Egos. Ihre wiederkehrenden Konflikte hatten verschiedene Merkmale der besonderen Beziehung und als sie heilten, war der zunehmende Frieden eine Widerspiegelung der Heiligen Beziehung. Schließlich entschieden sie sich eines Tages zu beten und den Heiligen Geist um Hilfe zu bitten, was schrittweise zu mehr Frieden in ihrer Beziehung führte.

Das Problem und die Antwort

Der Kurs sagt, dass wir nur ein einziges Problem haben: Die Trennung. Durch die eingebildete Trennung von Gott und den anderen glaubt das Ego, wir hätten Gott angegriffen, der dadurch wütend auf uns wird und uns deswegen bestrafen wird. Unglücklicherweise führt die Illusion des Egos dazu, dass wir Schuld / Scham und Angst fühlen, was wir dann oft auf andere projizieren (Wapnick 1976, 85). Zu diesem einzigen Problem gibt es nur eine Antwort: Vergebung, welche ein Verschieben unserer Wahrnehmung und Erfahrung ist, was geschieht, wenn wir Gott wählen anstelle des Egos. Dieses Wählen und die Wendung zum Gefühl des Friedens ist also das Wunder.

Einige Wunder – Grundsätze

Kapitel 3
Einige Wunder-Grundsätze

Im Kapitel 1 des *Textbuches* listet der Kurs 50 Grundsätze von Wundern auf und gibt eine kurze Erklärung sowie Diskussion zu ihnen wieder. Es bleibt dann dem Leser überlassen, auf kognitiver sowie erfahrungsbasierter Weise *das Textbuch, das Arbeitsbuch und das Handbuch für Lehrer* danach zu durchsuchen, wie diese Wunder und ihre Prinzipien geschehen und wie sie sich anfühlen. In den folgenden Abschnitten werde ich einige dieser Wunderprinzipien oder ihrer **Charakteristika** kommentieren, die in **fettgedruckter** Schrift zu lesen sind.

Ein Wandel der Wahrnehmung

Ich erwähnte oben, dass ein Wunder ein **Wandel der Wahrnehmung** ist, der geschieht, wenn wir Gott oder Gottes Heiligen Geist wählen anstelle des Egos. Diese Wahl führt eine psychologische und spirituelle **Korrektur in unserem Denken** herbei. Ebenso in unserem Fühlen und Verhalten, was uns andernfalls Konflikt und Schmerz verschaffen würde. In diesem Sinne ist das Wunder eine Heilung von Konflikt und Schmerz.

Ein Wunder ist ...

- ein Wandel der Wahrnehmung, der geschieht,

- ... wenn wir Gott wählen.

- eine Korrektur des Denkens, Fühlens und des Verhaltens.

- eine Erfahrung des Friedens.

Wunder geschehen natürlicherweise als ein Ausdruck der Liebe. Das Wunder ist eine Lehr- und Lerneinrichtung, um Einheit und Versöhnung zu erfahren, und dadurch korrigiert und heilt es die Trennung (die nie stattgefunden hat). Es lehrt uns, dass Geben Empfangen ist, sodass wenn wir Liebe geben, wir sie dadurch empfangen. In diesem Sinne ist der Geber der Empfangende, der Lehrer ist der Schüler, das Elternteil ist das Kind usw. Wunder lehren auch, dass der Geist - nicht der Körper - das Problem ist, wenn er falsch wählt. Wenn unser Geist **Gott wählt**, den Heiligen Geist oder Christus, nennt der Kurs dies *rechtgesinnter Geist,* was vielleicht der nächstgelegene Begriff zum Wahren oder Wirklichen Selbst oder dem Inneren Kind ist, den er benutzt. Wenn er das Ego (oder das falsche Selbst) wählt, nennt er es *falschgesinnter Geist.*

Wunder transzendieren verschiedene Dinge, den Körper und alles Physische eingeschlossen. Dieses Prinzip erinnert mich an den Satz von Antoine de Saint Exupery in *Der Kleine Prinz* als der Fuchs sagt: „Denke daran, man sieht nur mit dem Herzen gut. Das Wesentliche ist für die Augen unsichtbar." Diese Aussage, die Jahrzehnte vor dem Kurs geschrieben wurde, antizipiert diese Eigenschaft von Wundern. Ken Wapnick (1985) fügte hinzu, dass Wunder auch weltliche Gesetze transzendieren (wie zum Beispiel jene, die sich auf Biologie beziehen, auf Ernährung, Freundschaft, Religion, Ökonomie, Stress, Immunisierung und den Tod) – die allesamt vom Ego gemacht wurden oder sich an ihm orientieren.

Ein Wunder ist...

- ein Segen von Gott, der ..

- inspiriert von Christus sowie ..

- überbracht oder ausgeführt vom Heiligen Geist und ..

- immer möglich ist.

Natürliche Zeichen der Vergebung

Wunder sind **nie verloren** und sie sind ein **Dienst**, indem sie andere bewegen und ein Weg sind, unseren Nachbarn wie uns selbst zu lieben. In diesem Sinne sind sie **natürliche Zeichen der Vergebung**. Sie sind eine Korrektur unserer falschen Wahrnehmung und unseres falschen Denkens, was dann zu einem Wandel oder einer Veränderung in unserem Verhalten führen kann. Wunder-Grundsatz 25 sagt:

„Wunder sind Teile einer ineinander greifenden Kette der Vergebung, die, wenn sie vollständig ist, die Versöhnung bildet. Dieser Vorgang ist zu jeder Zeit und in allen Dimensionen der Zeit wirksam." (OE-T-1.I.25)

Während das konventionelle Christentum die Sühne / Versöhnung (unserer Sünden) nur durch Reue, Opfer und durch Leid geschehen sieht, beschreibt der Kurs Versöhnung als die Korrektur oder das Rückgängigmachen des Glaubens an die Fehlannahme des Egos, dass wir getrennt sind. Somit ist sie auch die Aufhebung der Angst.

Jedes Mal, wenn wir anderen oder uns selbst vergeben, indem wir Gott / den Heiligen Geist / Christus wählen anstelle des Egos, was das Wunder ist, tragen wir zur Kette oder zum **Kreis der Versöhnung** bei, was später noch besprochen wird. Der Kurs sagt, dass es unsere einzige Aufgabe ist, die Versöhnung für uns selbst zu akzeptieren. Wenn jeder von uns dies tut, ist der allumfassende Plan der Versöhnung vollständig.

Ein Wunder...

- **ist ein natürliches Zeichen der Vergebung.**

- **lehrt, dass der Geist, nicht der Körper, der Schlüssel ist.**

- **verringert unsere Konflikte und unseren Schmerz.**

Wunder verringern unsere schmerzhaften Gefühle der Angst, Schuld und Scham und lehren uns, dass Sünde ein Irrtum ist, der der Korrektur bedarf, nicht ein angeborener Fehler oder ein Verhalten, das bereut oder bestraft werden muss. Wunder sind universelle Segnungen von Gott inspiriert durch Christus für all seine Brüder und Schwestern und durch sie lobpreisen wir Gott im Gegenzug. Wunder erlauben es uns, jenseits unserer Unterschiede, Irrtümer, Fehler, „Sünden" oder Egos zu schauen zu Christus, der in jedem von uns wohnt und scheint. Ich habe bemerkt, dass wenn ich in einem Konflikt bin und dadurch Schmerz verspüre, ich gewöhnlicherweise in der Lage bin, ein Wunder zu wirken. Ich halte an, frage Gott (oder den Heiligen Geist oder Christus) um Hilfe und innerhalb weniger Sekunden fühle ich gewöhnlich weniger Schmerz und mehr Frieden. Für mich sind diese Prozesse und Erfahrungen das, was als Wunder verstanden wird. Manchmal ist diese eine Wundererfahrung ausreichend, um hilfreich zu sein in meinem bestimmten Konflikt. Ein andermal ist es erforderlich, dass ich nochmals um Hilfe bitte und machmal mehrere Male. Aber was mir wichtig ist, ist, dass mein Bitten für gewöhnlich funktioniert. Ich habe auch bemerkt, dass wenn ich betete, etwas über kurz oder lang in mein Leben eingriff, das auf eine heilende Art sanfter, kreativer, und kraftvoller ist als alles, was ich mir hätte vorstellen können. Diese Entscheidung für Gott und die darauffolgende Erfahrung des Friedens erstaunt und erfreut mich für gewöhnlich.

Wunder als Hilfe in unserer Spiritualität

Wunder **unterstützen** uns dabei, unsere **Spiritualität** zu erfahren, indem sie den Geist ins Zentrum rücken und dadurch auch zur **Dankbarkeit inspirieren**. Sie lehren und erkennen an, dass **jeder von uns heilig und liebenswürdig** ist. Sie bringen uns Frieden und stellen unsere geistige Gesundheit wieder her, die wir auch erfahren, wenn wir in unserem rechtgesinnten Geist leben. Sie zeigen uns, dass es uns an nichts mangelt. Wunder sind ein Ausdruck der Liebe und können Menschen berühren, die wir zuvor nicht getroffen haben, so können sie Wirkungen haben, derer wir uns nicht bewusst sind.

Während Christus Wunder inspiriert, ist der Heilige Geist ihr Mechanismus, da er allumfassend sehen kann anstatt selektiv. Der Heilige Geist ist eine Brücke und hat „einen Fuß" in der Realität („Himmel") und den anderen in dem Traum, in den wir eingeschlafen sind. (Wapnick 1985) **Der Heilige Geist löst den Irrtum auf**, indem er ihn als falsch und unwirklich erkennt, so wie die Dunkelheit verschwindet, wenn Licht auf sie scheint. Die Ausdehnung des Wunders oder dessen, *was danach geschieht* (was Versöhnung oder Vergebung ist), *ist nicht unser Anliegen*; dies ist vielmehr die Aufgabe des Heiligen Geistes – wenn wir das Anliegen „übergeben haben", indem wir Gott wählen.

Der Heilige Geist stellt die höchste Form der Kommunikation dar und **Wunder sind zeitweilige Wege der Kommunikation**. Wenn wir wiederkehren zur direkten Offenbarung, was unsere ursprüngliche Form der Kommunikation mit Gott ist, endet unser Bedarf an Wundern (Wunder-Grundsatz 46). Die Erfahrung der Offenbarung vereint uns auf direkte Weise mit Gott, und wir fühlen Gottes Präsenz, was temporär ist. (Nach dem Kapitel 1 wird die Offenbarung im Kurs nur zweimal erwähnt.)
Wunder korrigieren unsere Fehlwahrnehmung des Mangels (d.h. des Mangelprinzips). Wunder entstehen durch unser Offen-Sein für sie, durch

unsere Wunder-Bereitschaft, welche Teil davon sind, in unserem rechtgesinnten Geist zu leben.

Lerneinrichtungen

Wunder sind Lerneinrichtungen, die unser Bedürfnis für Zeit verringern, und sind das Mittel, das der Heilige Geist gebraucht, um uns zu lehren, dass wir nicht Opfer der Welt sind. Schließlich **wägen sie ab**, was wir mit der Schöpfung (Gottes Schöpfung) tun, **akzeptieren, was in Übereinstimmung mit der Schöpfung** ist, als wahr, und weisen als falsch zurück, was nicht in Übereinstimmung ist (Prinzip Nummer 50). Das Folgende bezieht sich auf die abschließenden Zeilen der Einleitung zum Kurs, und besagt:

Nichts Wirkliches kann bedroht werden.

Nichts Unwirkliches existiert.

Hierin liegt der Frieden Gottes.

Ein Wunder ...

- **transzendiert den Körper und die Welt.**

- **ist ein zeitweiliger Weg der Kommunikation.**

- **hilft uns dabei, Einheit und Versöhnung zu erfahren.**

Das Obige ist ein Überblick über die Haupteigenschaften der Wunder-Grundsätze. Was das gesamte Material in dieser Vogelperspektive betrifft, so schlage ich vor, dass der Leser im Kurs selbst nach diesen 50 Grundsätzen sucht, die in Kapitel 1 aufgeführt sind und dann in den drei Bänden weiter ausgearbeitet werden.

„Das Ego sucht immer zu zerteilen und zu trennen.
Der HEILIGE GEIST sucht immer zu einen und zu heilen."

Ein Kurs in Wundern (T-7.IV.5)

Ähnlichkeiten mit dem Zwölf-Schritte-Programm

Kapitel 4
Ähnlichkeiten mit dem Zwölf-Schritte-Programm

Diese Wunder-Grundsätze und weitere im Kurs beschriebene Prinzipien haben viele Ähnlichkeiten zu denen, die im Zwölf-Schritte–Programm der Anonymen Alkoholiker und anderen Selbsthilfe-Gruppen reflektiert werden. Da ich das Zwölf-Schritte-Programm für 40 Jahre und den Kurs für 30 Jahre studiert habe, bemerkte ich, dass der Kurs das, womit sich die Zwölf Schritte befassen, sehr effizient diskutiert und erweitert. Obwohl der Kurs eine etwas andere Sprache und andere Begriffe verwendet, erklärt er uns genauer, wie wir Dinge „übergeben" können und das „Loslassen und Gott überlassen" praktizieren können. Auch beschreibt er, was Gottes Wille für uns ist und wie wir auf unsere Süchte und unser Ego schauen können. Zur leichteren Orientierung gebe ich die Zwölf Schritte der Anonymen Alkoholiker auf der nächsten Seite wieder (auf den fettgedruckten Worten liegt die Betonung, da ich sie als die Schlüssel betrachte). Überspringe dieses Kapitel, wenn du kein Interesse hast. Ich denke, sie liefern uns einen weiteren praktischen Zusammenhang mit der Botschaft des Kurses.

Diese Zwölf Schritte sind die 214 kraftvollsten und einflussreichsten Worte, die ich kenne. Da ich über verschiedene Aspekte des Zwölf-Schritte-Programms und des Kurses reflektiert habe, sah ich, wie nahegelegen sie sind und sich ergänzen. Sie sind nicht nur vollständig kompatibel, sondern unterstützen sich auch gegenseitig, wobei der Kurs wahrscheinlich mehr Unterstützung gibt, allein durch seinen Umfang und die nährende Tiefe der spirituellen Information. Als ein Beispiel für ihre gegenseitige Unterstützung behandele ich kurz einen Aspekt von Demut zwei Seiten weiter unten.

Sowohl die Zwölf Schritte als auch der Kurs sind spirituelle Programme zur Heilung und sind dabei nicht ausgerichtet auf eine Sekte oder Religion. Gleichzeitig sagen beide, dass sie nicht die einzigen spirituellen

Wege der Heilung sind. Beide haben keine irdischen Führungsfiguren, besitzen klare Prinzipien, die in ihren Texten beschrieben werden, und sagen, dass nur eine kleine Bereitwilligkeit nötig ist, um ihre Arbeit der Heilung und Gesundung zu beginnen. Trotzdem wäre es keine Überraschung, dass manche Menschen mit einem oder beiden dieser Wege zu kämpfen hätten und dass einige es wählen, sie nicht zu verfolgen.

Beide Programme...

- **Sind spirituelle Programme der Heilung.**

- **Sehen das Ego als die Hauptblockade an.**

- **Sind nicht ausgerichtet auf eine Sekte oder Religion.**

Die Zwölf Schritte der Anonymen Alkoholiker

1. Wir gaben zu, dass wir dem Alkohol gegenüber machtlos sind – und unser Leben nicht mehr meistern konnten.

2. **Wir kamen zu dem Glauben**, dass eine Macht, größer als wir selbst, uns unsere **geistige Gesundheit wiedergeben** kann.

3. Wir **fassten den Entschluss**, unseren **Willen** und unser **Leben der Sorge Gottes** – wie wir Ihn verstanden – **anzuvertrauen**.

4. Wir machten eine **gründliche** und **furchtlose Inventur** in unserem Inneren.

5. **Wir gaben Gott, uns selbst** und einem **anderen Menschen** gegenüber unverhüllt unsere **Fehler** zu.

6. Wir waren **völlig bereit**, all diese **Charakterfehler** von **Gott** beseitigen zu lassen.

7. **Demütig** baten wir Ihn, unsere Mängel **von uns zu nehmen**.

8. Wir machten **eine Liste aller Personen, denen wir Schaden zugefügt hatten** und **wurden willig**, ihn bei allen **wieder gutzumachen.**

9. Wir machten bei diesen Menschen **alles wieder gut – wo immer es möglich war –**, es sei denn, wir hätten dadurch sie oder andere verletzt.

10. Wir **setzten die Inventur bei uns fort** und wenn wir Unrecht hatten, **gaben wir es sofort zu.**

11. Durch Gebet und Besinnung haben wir versucht, unsere bewusste Verbindung zu Gott, **wie wir ihn verstanden**, zu verbessern und haben um die Erkenntnis dessen gebeten, was er mit uns will und um die Kraft, dies zu tun.

12. Nachdem wir durch diese Schritte ein **spirituelles Erwachen** erlebt hatten, versuchten wir, diese **Botschaft** an Alkoholiker **weiterzugeben** und unser tägliches **Leben nach diesen Grundsätzen auszurichten.**

(Die fettgedruckte Schrift wurde vom Autor hinzugefügt)

Demut

Der Kurs adressiert das zentrale Zwölf-Schritte-Konzept der Demut (welches im Verlauf der Zwölf Schritte behandelt wird und speziell zitiert wird in Schritt Sieben) an verschiedenen Stellen in allen drei Bänden. Als ein Beispiel sagt er im Textbuch:

„Indessen ist der wesentliche Punkt, den du zu lernen hast, dass du nicht weißt. Wissen ist Macht, und alle Macht ist von

GOTT. Du, der du versucht hast, Macht für dich zu behalten, hast sie »verloren«. Du hast die Macht noch, aber du hast so viel zwischen sie und dein Gewahrsein ihrer geschoben, dass du sie nicht nutzen kannst. Alles, was du dir selber beigebracht hast" (d.h. dein Ego), „hat deine Macht zunehmend vor dir verschleiert." (T-14.XI.1-5)

Östliche spirituelle Ansätze wie der Buddhismus befassen sich in ihren Konzepten mit Demut und praktizieren das „Nicht-wissen". Ich definiere Demut als das Offen-sein für das Lernen über uns selbst, über andere und über Gott. Die Zwölf-Schritte-Methode und der Kurs sehen beide das Ego als den hauptsächlichen Stolperstein zu wahrem Wissen und Frieden an. Das Ego glaubt, es wüsste alles, was ein Schlüsselproblem ist, wenn wir ihm anhaften (falschgesinnter Geist). Schmerz ist für gewöhnlich das Resultat. Der Kurs bietet einen Weg aus diesem unnötigen Schmerz. Er sagt:

„Deine Rolle ist ganz einfach. Du brauchst nur zu begreifen, dass du alles, was du gelernt hast, nicht willst. Bitte darum, gelehrt zu werden, und verwende deine Erfahrungen nicht, um das, was du gelernt hast, zu bestätigen. Sobald dein Frieden bedroht oder in irgendeiner Form gestört ist, sage dir:
`**Ich weiß nicht, was irgendetwas, dies hier eingeschlossen, bedeutet. Und daher weiß ich nicht, wie ich darauf reagieren soll. Ich will mein eigenes vergangenes Lernen nicht als das Licht benutzen, das mich jetzt führen soll.**`
Wenn du auf diese Weise den Versuch aufgibst, dir selber beizubringen, was du nicht weißt, dann wird der FÜHRER, DEN dir GOTT gab, zu dir sprechen. ER wird SEINEN angestammten Platz in deinem Bewusstsein einnehmen in dem Augenblick, in dem du ihn aufgibst und IHM anbietest."
(T-14.XI.6.3-11)

Was er hier vorschlägt, ist das Wunder oder die ganze liebende und in der Regel äußerst friedliche Erfahrung, Gott / den Heiligen Geist / Christus anstelle des Egos zu wählen.

In dem Begleitband zu diesem Buch *Lehrer Gottes* beschreibe ich noch weitere Ähnlichkeiten zwischen dem Zwölf-Schritte-Programm und dem Kurs.

Das Verhältnis zur Bibel

Kapitel 5
Das Verhältnis zur Bibel

D er Kurs entkräftet nicht die Botschaft der Bibel. Vielmehr sieht er die Worte der Bibel als valide Ansatzpunkte und unterstützt die meisten von ihnen, während er einige neue Interpretationen und Einsichten bietet. Während der Kurs in Übereinstimmung mit dem größten Teil der Bibel ist und ihr mit einer respektvollen Haltung begegnet, schafft er auch Klarheit in Bezug auf einige ihrer Missverständnisse (Watson 1997).

In seinem Buch *Seeing the Bible Differently: How ACIM views the Bible* (Die Bibel anders sehen: Wie ein Kurs in Wundern die Bibel sieht) berichtet der ordinierte Priester Allen Watson von seiner Erfahrung, die Bibel 22 Jahre lang gründlich studiert zu haben, auf der Suche nach ihrem Friedensversprechen. Letztlich wurde er frustriert und entmutigt, gab die Bibel auf und setzte seine Suche woanders fort. Einige Jahre später fand er den Kurs und studierte ihn eingehend für die nächsten elf Jahre. Während dieser Zeit entdeckte er vier Arten, auf welche sich der Kurs auf die Bibel bezieht:

- **Ähnlichkeit**
- **Fortsetzung**
- **Verschiedenheit** und wie sein Kollege Robert Perry es nennt:
- **Qualifizierte Erneuerung** (d.h. Re-Interpretation)

Ich werde nun jeden dieser Punkte einzeln berühren und den Leser für weitere Beispiele und Diskussion auf das Buch von Allen Watson verweisen.

Konzept	Bibelstelle	gesamte Anzahl	Kursstelle	gesamte Anzahl
Gott ist Liebe	1.Joh 4:8 & 4:16	2	T-9.I.9:7	4
Heiliger Geist	Joh 14:16-27	33	T-14.VIII.2-5	758
Christus	Hebräer 2:10	zahlreich	Ü-II.6	viele
Kreuzigung	1.Petrus 2:24	viele	T-20.I.1-3	viele
Auferstehung	Daniel 12:1-3 1.Kor 15:3-7	wenige	H-28	viele
Vergebung	Apostel 2:38 Hebräer 10:2	einige	T-14.III.7	zahlreich
Einsein & Einheit	5.Mose 6:4 Apostel 17:16-28	wenige	T-3.II.5	zahlreich
Frieden	Psalm 119:165; Jesaja 32:17	250	Ü-I.185	zahlreich

Tabelle 1
Gemeinsamkeiten der Bibel & EKIW

Ähnlichkeit

Einige Beispiele der vielen Gemeinsamkeiten der beiden Bücher werden in Tabelle 1 gezeigt. In jedem von ihnen bezieht sich der Kurs respektvoll auf eine oder mehrere Bibelstellen und gibt dann behutsam Kommentare dazu. In Bezug auf den Heiligen Geist und die Tatsache, dass Gott Liebe ist, stimmt der Kurs voll und ganz zu und erweitert dann die

Beschreibung, indem er weitere Prinzipien detailliert erläutert. Zu Christus und der Kreuzigung sowie der Auferstehung hat der Kurs viel zu sagen in Form der Fortsetzung ihrer Lehre. Er zeigt einige Unterschiede auf und bietet darüber hinaus einige Re-Interpretationen an (qualifizierte Erneuerung) wie es in den Tabellen 1 , 2 und 3 gezeigt wird.

Die hebräische Bibel (Altes Testament) spricht die Vergebung an, während das Neue Testament es als eine Art bezeichnet, Frieden zu erfahren. Der Kurs baut darauf auf und beschreibt es, so wie ich es im Verlaufe des Buches skizziere, insbesondere in den letzten drei Kapiteln. Im Hinblick auf Einssein, Einheit und Frieden bezieht der Kurs diese auf die Bibel und baut auf ähnliche Weise darauf auf.

Der Kurs...

- **stimmt mit dem größten Teil der Bibel überein und respektiert sie.**
- **erweitert und klärt die Botschaft der Bibel.**
- **bezieht sich auf vier Arten auf die Bibel:**

Ähnlichkeit
Fortsetzung
Verschiedenheit
Qualifizierte Erneuerung

Fortsetzung

Es gibt viele spirituelle Themen sowohl im Alten wie auch im Neuen Testament, die der Kurs diskutiert und bearbeitet. Somit führt er die göttlich inspirierten Dialoge und Lehrinhalte der Bibel fort, indem er sie *thematisch fortführt* und einige im Detail anspricht. Tabelle 2 enthält vier klare Beispiele, die eine bemerkenswerte Erweiterung und Evolution unserer spirituellen Entwicklung zeigen, die im Kurs erklärt werden.

Hebräische Bibel / Altes Testament	Neues Testament	Ein Kurs in Wundern
Das Bedürfnis, die Selbst-Zentrierung zu überwinden	Jesus lehrt und lebt die Transzendierung des Egos vor	Spezifische Wege, um das Ego loszulassen
Liebet unsere Nachbarn	Liebet & betet für unsere Feinde Lukas 10:25-37	Wir haben keine Feinde
Wege, mit der Schuld umzugehen: 1) Tieropfer 2) Tag der Sühne 3) Gottes Gesetzen gehorchen	Glaube an Jesus	Wir haben nicht gesündigt und tragen keine Schuld
Königreich Gottes = Israel; politisch	Königreich = zur Hand; in uns	Königreich = in uns

Tabelle 2: Beispiele für die Fortsetzung der Bibel (AT/NT) & EKIW

Verschiedenheit

Es gibt einige wichtige und spirituell nützliche Unterschiede zwischen dem Kurs und der Bibel, die jenseits einer einfachen Fortsetzung der Bibellehre liegen, und die ich in dieser „Vogelperspektive" beschreibe. Einige davon werden auch angesprochen in Tabelle 1 und 2 und andere Beispiele werden in Tabelle 3 im nächsten Kapitel ersichtlich.

Qualifizierte Erneuerung

Während er die Wahrheit der Bibel anerkennt, dringt der Kurs tiefer in diese Wahrheit ein. Hier erklärt er einige Missverständnisse, die einige der menschlichen und deshalb natürlicherweise mit einem Ego behafteten Schreiber der Bibel aufgeworfen haben. Watson (1997) schreibt: „Das Verhältnis des Kurses zur Bibel gleicht mehr einer Änderung der Verfassung als einem vollständiges Ersetzen eines Gesetzes durch ein anderes. Der Kern der alten Bedeutung stimmt noch, aber er wurde geändert, klarer gemacht, anders erklärt, in bestimmten Aspekten korrigiert, verbessert und zu einem höheren Niveau verfeinert.“
Wenn wir uns Tabelle 2 vor Augen führen, sehen wir, dass in diesen vier Beispielen keine Ähnlichkeit oder Kontinuität zwischen den beiden Büchern besteht, sondern es graduelle Unterschiede gibt. Einige dieser Unterschiede sind Themen, die der Kurs re-interpretiert in einem Prozess, den Watson und sein Kollege Robert Perry „Qualifizierte Erneuerung“ nennen.

Diese Beobachtungen von Fortsetzung und qualifizierter Erneuerung durch den Kurs finden sich in mindestens 20 weiteren Konzepten, die die Bibel und der Kurs ansprechen. Da es den Rahmen dieses „Blicks aus der Vogelperspektive“ sprengen würde, sie im Detail zu beleuchten, liste ich sie in Tabelle 3 im nächsten Kapitel auf und beschreibe sie kurz.

Die Frage der Autorität

Aber wie können wir wissen und beweisen, dass der Kurs eine ähnliche oder vielleicht sogar größere Autorität als die Bibel hat? Die Antwort mag von den religiösen Glaubenssätzen des einzelnen Lesers / Beobachters und seinen Lebenserfahrungen abhängen, die er beim Verwenden des Materials macht. Für die meisten jüdischen Kleriker und Menschen ist das

Neue Testament ketzerisch und es hat keinen religiösen oder spirituellen Wert für sie. Obwohl der Kurs jetzt (in 2010) seit 34 Jahren veröffentlicht wird, sind die meisten christlichen Kleriker und Menschen sich seiner Existenz nicht bewusst oder haben nur im Vorbeigehen davon gehört. Viele, die davon gehört haben, scheinen ihn abzulehnen, ohne ihn zu studieren, insbesondere Fundamentalisten, die ihn als Gotteslästerung ansehen. Der Kurs sagt, dass er nur einer von vielen Wegen zu Gott ist. Sein Ton ist sanft, wie es auch ein Charakteristikum eines Lehrers Gottes ist, und der Kurs versucht nicht, sich dem Leser aufzudrängen.

Ich stimme Allen Watson zu, dass es keinen einfachen Weg gibt, um zu beweisen, dass der Kurs eine größere Autorität hat als die Bibel. Er sagt: „Ich hatte genug Offenheit, um die beunruhigende Art und Weise zu übersehen, mit der der Kurs versucht, die Bibel zu korrigieren, was meiner Meinung nach eine Anmaßung war. Ich habe ihn trotzdem gelesen, weil ich die Dinge, denen ich zustimmen konnte, hilfreich fand. Diese Fragmente des Kurses erwiesen sich als effektiver für meinen Seelenfrieden und mein Glück, als es die gesamte Bibel je gewesen war. Ich sah, wie Wunder in meinem Leben und im Leben der Menschen um mich herum geschahen. Diese Erfahrungen mit dem Kurs haben mich dazu gebracht, meine grundlegenden Annahmen über die Zuverlässigkeit der Bibel zu hinterfragen." Zahlreiche andere ordinierte Geistliche wie Jon Mundy, Tony Ponticello und Paul Phelps unterrichten den Kurs ebenfalls.

Der einzige „Beweis" für ein heiliges Buch ist das, was im Leben eines jeden Schülers passiert. Wirkt es bei dir? Verbessern sich deine Beziehungen zu anderen und zu Gott? Der Kurs sagt:

„Dieser Kurs bietet eine sehr direkte und einfache Lernsituation und liefert den Leitfaden, der dir sagt, was zu tun ist. Wenn du ihn machst, wirst du sehen, dass er funktioniert. Die Ergebnisse sind überzeugender als die Worte, sie werden dich überzeugen, dass die Worte wahr sind." (T-9.V.9)

Das erinnert mich an den Spruch „Es funktioniert!" aus Zwölf-Schritte-Programmen.

Ich habe mich manchmal überfordert gefühlt, wenn ich den Kurs sehr lange gelesen habe. Deshalb lese ich ihn gerne in kurzen Abschnitten von ein oder zwei Seiten am Stück. In den letzten 33 Jahren habe ich den Kurs als hilfreich empfunden, um meine Beziehungen zu mir selbst, zu anderen und zu Gott zu verbessern.

Seit 1983 habe ich einige der Prinzipien des Kurses im Rahmen von Workshops gelehrt, die ich landesweit zum Thema Spiritualität gegeben habe. Drei Jahre lang unterrichtete ich zusammen mit meiner Frau Barbara Whitfield einen Kurs, der sich speziell auf den Kurs konzentrierte, und zwar vor insgesamt etwa 100 Personen an der Rutgers University Advanced School of Alcohol and Drug Studies. Die meisten von ihnen waren auf der Suche nach spiritueller Nahrung und viele sagten nach dem Studium des Kurses, dass sie erste positive Veränderungen in ihrem Leben erfahren haben.

Ausgehend von den Verkaufszahlen des Kurses und den frühen Kommentaren dazu, besitzen fast 2 Millionen Menschen ein Exemplar oder haben es gelesen und / oder studieren es. Watson sagte: „Meiner Meinung nach ist der beste Weg, die Beziehung zwischen dem Kurs und der Bibel zu verstehen, den Kurs als den nächsten großen Schritt der Offenbarung nach der Bibel zu anzusehen. Er ist in der Bibel verankert und greift die Wahrheiten auf, die die Bibel uns vermitteln wollte, aber er stellt sie in einer höheren Form dar. Einige äußerten, dass der Kurs als „Drittes Testament" bezeichnet werden könne. Das ist meiner Meinung nach ein Titel, den der Kurs verdient, auch wenn ich glaube, dass der Kurs für sich besser alleine stehen kann, besser als wenn man versuchte, das Neue Testament vom Alten Testament zu trennen. (Watson 1997)

Das innere Königreich:
Eine Erfahrung von Frieden

Kapitel 6
Das innere Königreich – Eine Erfahrung von Frieden

Der Kurs besagt, dass ein Teil von Gott, der Heilige Geist (Gottes liebende und heilende Energie), und Christus in jedem von uns ist. Während er eine christliche Terminologie benutzt, transzendiert er konventionelle christliche Glaubensmuster und erweitert sie (Tabelle 3 zeigt noch mehrere Beispiele, wie der Kurs die Botschaften der Bibel erweitert). Auf diese Art entmystifiziert und klärt er viele konventionelle Verständnisse und macht sie praktischer anwendbar. Es handelt sich also um eine universellere Spiritualität, die sich respektvoll erhebt und viele traditionelle religiöse Überzeugungen transzendiert. Gleichzeitig entfaltet, unterstützt und nährt sie diese.

Zusätzlich dazu, dass wir alle einen Teil von Gott, dem Heiligen Geist und Christus in uns haben, haben wir damit verbunden als direkte Folge das Königreich des Himmels in jedem von uns. Wie in Tabelle 3 gezeigt wird, erfahren wir das Königreich nicht nur wenn wir sterben, im Himmel, wir haben es tatsächlich jetzt, in dem was der Kurs *Heiliger Augenblick* nennt. Kapitel 4, „Die Illusion des Ego" sagt:

> „Es ist schwer zu verstehen, was »Das HIMMELREICH ist inwendig in euch« wirklich bedeutet. Das liegt daran, dass es für das Ego unverständlich ist, welches es deutet, als wäre etwas Äußeres im Innern, und das bedeutet nichts. Der Ausdruck »inwendig in« ist unnötig, du *bist* das HIMMELREICH. Was *außer* dir hat der SCHÖPFER erschaffen, und was *außer* dir ist SEIN REICH? Das ist die ganze Botschaft der SÜHNE, eine Botschaft, die in ihrer Totalität die Summe ihrer Teile transzendiert. Auch du hast ein Reich, das dein reiner Geist erschuf. Er hat trotz der Illusionen des Ego nicht aufgehört zu erschaffen. Deine Schöpfungen sind ebenso wenig vaterlos wie du. Dein

Ego und dein reiner Geist werden niemals Mitschöpfer miteinander sein, dein reiner Geist aber und dein SCHÖPFER werden es immer sein. Sei zuversichtlich, dass deine Schöpfungen ebenso sicher sind wie du.

Das HIMMELREICH ist vollkommen vereinigt und vollkommen geschützt, und das Ego wird es nicht überwältigen. Amen." (T-4.III.1)

Es kann so beschrieben werden, dass wir, obwohl wir uns in einem Moment in der Erfahrung unserer gewöhnlichen Lebensrealität befinden (in unserem gewöhnlichen emotionalen Zustand von Unbehagen und Anspannung) gleichzeitig beginnen, durch einen Schleier zum Himmel oder zum Frieden zu schauen, der sich auf der anderen Seite des Schleiers befindet... Wenn wir den Schleier zum Himmel durchschreiten, fühlen wir den Frieden, der durch Gottes bedingungslose Liebe entsteht, aber während wir dies erfahren, *sind* wir das Königreich.
Wir mögen solch eine Erfahrung des Friedens durch Gebet und Meditation erreichen, oder bei einer Gipfelerfahrung (so wie Abraham Maslow, Walter Pahnke, B. Whitfield und andere es beschrieben haben). Einmal im Königreich, dem Heiligen Augenblick, können wir uns jetzt umdrehen, durch den Schleier schauen und sehen und erfahren, dass wenn wir durch den Schleier treten – zurück in unsere „normale Erfahrung" – diese *auch* das Königreich sein kann und *ist*. Auf beiden Seiten des „Schleiers" existiert nun der Frieden Gottes für uns, um in unserem Bewusstsein und Herzen erfahren zu werden. Der Autor des Kurses, Jesus, der lebendige Christus, sagt:

„Als ich sagte: »Meinen Frieden gebe ich euch«, habe ich es auch gemeint." (T-10.III.6)

„Frieden kommt von Gott durch mich zu euch."(T-10.III.6)

„Nur an GOTTES Altar wirst du Frieden finden." (T-10.III.11)

Wir können das Königreich erfahren, den Heiligen Augenblick, den Frieden Gottes, wenn ein Wunder geschieht – wenn wir Gott wählen anstatt das Ego.

In der langen Tabelle 3 auf der nächsten Seite, zeige ich dir 21 weitere Beispiele konventioneller christlicher Ideen, die in *Ein Kurs in Wundern* erweitert werden. Im Verlauf dieses Buches und im zweiten Band *Lehrer Gottes* werde ich mich auf einige davon beziehen. Der zweite Band wurde geschrieben als ein Begleitbuch zu *Gott wählen*.

Beispiel	Konventionelles Christentum	Erweitert in EKIW
Wunder	Beobachtbares oder berührbares Ereignis	Gott wählen anstelle des Egos, ein Wandel der Wahrnehmung
Weihnachten	Feiert die Geburt Jesu	Feiert die Geburt der Heiligkeit
Apostel Judas	Verriet Jesus durch das Aushändigen an die Römer	Jesus glaubte nicht an Verrat oder Verurteilung und urteilte somit nicht über Judas
Ostern	Konzentriert sich auf die Kreuzigung & die Auferstehung	Konzentriert sich auf die Auferstehung

Beispiel	Konventionelles Christentum	Erweitert in EKIW
Kleinheit & Urteil vs. Größenwahn	Betont Selbstwert-Minderung & vermeidet Größenwahn (engl. Grandiosity)	Ermutigt zur Größe & Herrlichkeit (engl. Grandeur)
Herrlichkeit, Größe & Großartigkeit	Entmutigt dazu	Beschreibt es in jedem von uns
Königreich des Himmels	Im Himmel, nur wenn wir sterben	Wir haben es jetzt im Heiligen Augenblick
Liebe	Ungenau, Agape (griech. Liebe)	Kern unseres Wesens
Teil von Gott	Jesus in unserem Herzen	In uns, in Kreaturen und allen lebenden Dingen
Wort Gottes	Logos (griech. Wort), Jesus (Joh 1:1)	Gottes Antwort, die den Glaube an Trennung berichtigt; Heiliger Geist, Versöhnung
Christus	Nur ein Christus, als Jesus	Christus in jedem von uns, letztendlich als die Sohnschaft

Beispiel	Konventionelles Christentum	Erweitert in EKIW
Erstes Kommen	Jesus als der einzige Sohn Gottes	Jesus war geschaffen wie wir, als Sohn (Kind) Gottes
Zweites Kommen	Angst, Urteil, Bedrohung (Plan des Egos); ein dramatisches physisches und spirituelles Ereignis	Ende der Herrschaft des Egos & Heilung des Geistes; Korrektur des Plans des Egos durch den Heiligen Geist; Rückgängigmachen dessen, was niemals war; spirituelle Erfahrung des Erwachens vom Traum
Leben auf Erden	Sünde, Schuld & Scham	Traum des Egos; eine Lernerfahrung
Sünde **Viele Bezüge finden sich dazu im Kurs**	Wir sind von Natur aus schlecht und getrennt von anderen und von Gott	Korrigierbare Fehler werden zurück zur Gesundheit gebracht (Das Gefühl, dass wir unschuldig sind; Trennung ist niemals geschehen)
Urteil	Urteil als Angriff/Strafe	Gott verurteilt nicht, unser Schmerz ist unnötig

Beispiel	Konventionelles Christentum	Erweitert in EKIW
Teufel	Gefallener Engel, Satan	Das Ego auf Abwege geraten
Versöhnung / Sühne	Für unsere Sünden bezahlen & sich mit Gott aussöhnen	Die Trennung ist nie geschehen; Die Welt des Egos ist nicht real; Urteil & Angriff sind nicht berechtigt
Gottes Wille	Ungenau	Vollständiger Frieden & Freude; Mit-Schöpfung mit Gott
Hölle	Ort des ewigen Schmerzes	Leben in der Welt des Egos

Tabelle 3
Beispiele von erweiterten konventionellen christlichen Ideen in EKIW

Ebenen des Verstehens

Kapitel 7
Ebenen des Verstehens

Einige Leser des Kurses haben mir erzählt, wie schwierig es manchmal war, zu verstehen, was er aussagt. Als ich 1977 mit der Lektüre begann, war ich verwirrt und verlor für fast ein Jahr das Interesse. Ich hatte mich zu schnell darauf eingelassen, und gleichzeitig begann er, mein Ego zu überfordern. Später, als ich es in einem langsameren Tempo wieder aufnahm, fühlte ich mich besser damit und begann allmählich, mehr zu verstehen.

Eine Möglichkeit des Missverständnisses ist das, was wir als *Ebenenverwechslung* erfahren und was im Zusammenhang damit steht, was der Kurs als *Ebenen des Verstehens* bezeichnet. Wie Ken Wapnick (1985) es beschreibt, ist **Ebene 2** leichter zu verstehen, die unsere persönlichen **psycho-spirituellen Erfahrungen** in unserem Körper in dieser Welt anspricht. In vielerlei Hinsicht spricht sie über unsere Anhaftungen, Süchte und Zwänge, in denen wir denken, wir könnten nicht erfüllt oder glücklich sein ohne des anderen Körper zu haben, Geld, Essen, Medikamente, einen Beruf, Macht oder einen bestimmten Lebensstil; dies alles Aspekte von besonderen Beziehungen. Christus erwachte aus seinem unglücklichen Traum (d.h. seiner Erfahrung von Ebene 2), bevor wir es taten. Unter anderem erkannte er, dass unsere Angreifer uns nicht wirklich angreifen, sondern um Hilfe rufen. Er war dazu in der Lage aufgrund des Wandels seiner Wahrnehmung durch das Verwenden seines rechtgesinnten Geistes.

Wir können unsere Erfahrungen von Ebene 2 nutzen, um den Wandel unserer Wahrnehmung zu Ebene 1 zu vollziehen, was uns das Wunder lehrt. Ebene 1 ist schwerer zu verstehen und zu erfahren. Es sieht unser Leben von einer höheren Ebene aus, durch die Augen Christi, wie es im Kurs beschrieben wird. Hier existiert Wahrheit nur im Geist, in Gott und in Gottes Welt. Der Heilige Geist nutzt unsere Erfahrungen auf Ebene 2, wenn wir uns von ihm helfen lassen, uns über die Wirklichkeit des Lebens auf Ebene 1 zu belehren. Wir können diese zwei Ebenen zusammenfassen als ein Paradox, das wir mit Hilfe des Wunders verstehen können, wie es in Tabelle 4 gezeigt wird. Falls dies kompliziert erscheint ... es ist oft so beim ersten Lesen. Habe deshalb Nachsicht mit mir.

Ebene	Charakteristika	Bezüge	Verantwortung
1 Schöpfung „Makro"	Gott & Gottes Welt, Einsgesinntheit, Die Trinität, Frieden	Zu Hause, Erkenntnis, Heiliger Augenblick	Gott handelt
↑ Wirkt Wunder durch das Wählen Gottes ↑			
2 „Mikro"	Die Anstrengung der Wahl der Welt Gottes anstelle der des Egos	Die Reise nach Hause	Wir tun unseren Teil und übergeben dann

Tabelle 4
Das Paradox der Reise nach Hause:
Einige Charakteristika der zwei Ebenen des Verstehens in EKIW

Indem er diese zwei Ebenen weiter beschreibt, sagt Wapnick: „Der Kurs … ist geschrieben in zwei Ebenen, die zwei grundlegende Trennungen widerspiegeln. Die erste Ebene präsentiert den Unterschied zwischen dem geeinten Geist und dem gespaltenen Geist, während die zweite Ebene Falsch- und Rechtgesinntheit kontrastiert. Auf dieser ersten Ebene zum Beispiel sind die Welt und der Körper vom Ego gemachte Illusionen und symbolisieren damit Trennung. Die zweite Ebene nimmt Bezug auf die Welt, wo wir glauben zu sein. Hier sind die Welt und der Körper neutral und können einem von zwei Zwecken dienen. Für das falschgesinnte Ego sind sie Instrumente, um die Trennung zu verstärken, und für den rechtgesinnten Geist sind sie die Lehreinrichtungen, durch die wir seine Lektionen der Vergebung lernen. Auf dieser Ebene beziehen sich die Illusionen auf die Fehlwahrnehmung des Egos, d.h. Angriff zu sehen anstelle des Rufs nach Liebe, Sünde anstatt Fehler." (Wapnick 1989)

Auf der nächsten Seite befindet sich ein Schaubild aus Wapnicks Buch „A Vast Illusion: Time according to ACIM" aus dem Jahr 1990, das seine obige Aussage weiter illustriert. (Schaubild 1 : Klärung der Ebenen)
Ebene 1 repräsentiert somit Gott und Gottes Welt sowie Aspekte der „Trennung" und „Dualität", überbrückt durch den Heiligen Geist. Ebene 2 repräsentiert verschiedene Aspekte unserer irdischen Erfahrung, die wir bewältigen müssen, und kann uns gleichzeitig dabei assistieren diese zu bewältigen. Diese beinhalten unser Ego und seine Welt, einschließlich Sünde, Schuld / Scham, Angst, Projektion und besondere Beziehungen. Während wir versuchen können, die Beschreibung des Kurses zu den Dynamiken auf Ebene 1 zu verstehen, wird die meiste Arbeit in diesem Leben auf Ebene 2 sein, wo wir unsere Reise nach Hause antreten. Mit seinen beiden „Füßen" in jeder dieser beiden Ebenen und der Trennung in Ebene 1 hilft uns der Heilige Geist, die „Kluft" zwischen ihnen zu überbrücken.

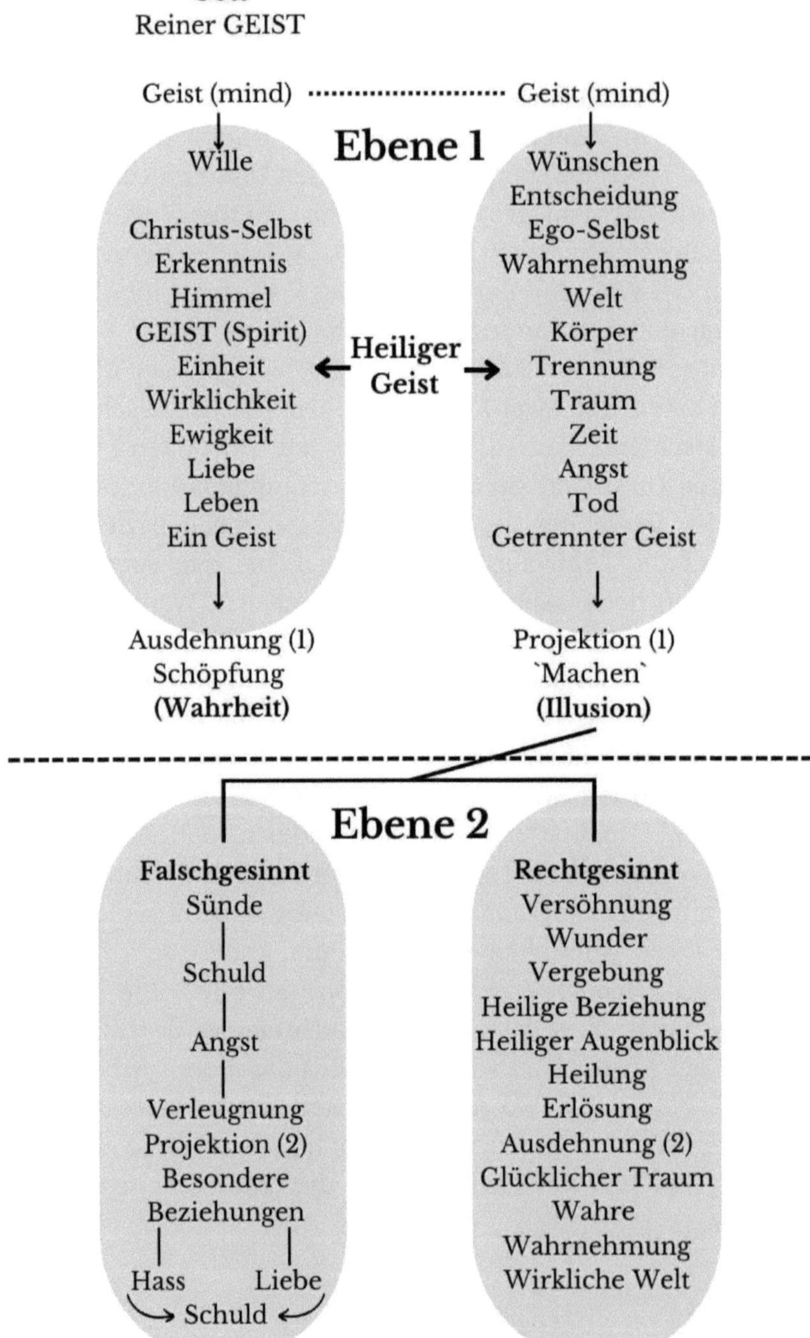

Schaubild 1 : Klärung der Ebenen

Die Reise nach Hause

In seiner Broschüre „*The Journey Home*" benutzt Allen Watson (1994) ein klärendes Schaubild, in dem er den Startpunkt der Reise umreißt, der Ebene 2 entspricht, und das Ziel des Kurrikulums (eine Art Übergang zu der Erfahrung von Ebene 1) sowie das letztendliche Ziel der Ebene 1. (siehe Schaubild 2) Mit der Assistenz Gottes / des Heiligen Geistes / Christus sind wir verantwortlich, alles von Ebene 2 zu entdecken und zu erreichen, vom Startpunkt aus und entlang der Reise. Aber danach übernehmen Gott / der Heilige Geist / Christus den Rest. Alles, was wir erledigen müssen, sind Bruchstücke oder Teile der verschiedenen Phasen auf unserer Reise und den Rest übernimmt Gott, der dann tun wird, was auch immer getan werden muss, um uns zu helfen, die Ziele des Lehrplans zu erreichen.

So wie in der Anwendung jeglicher spiritueller Wege, ist das, was ich gelernt habe im Studium Kurses, dass es Zeit braucht, Geduld und einiges an Hingabe. Das psychospirituelle Wachstum, das damit einhergeht, ist für gewöhnlich ähnlich wie bei der pädagogischen Vielfalt, die am Ende des „*Großen Buches*" der Anonymen Alkoholiker diskutiert wird, in dem unser Wachstum oder Fortschritt langsam entsteht, in Schüben und Abständen.

Startpunkt		Die Reise …	
	D	**Phase 1** Der Dunkelheit entkommen	
Falschgesinntheit	**E**		
	R	Schritt 1	Schritt 2
		Beginn der Umkehr des Denkens	Vorziehen der neuen Gedanken
Die Welt	**W**		
	E	In Konflikt stehende Denksysteme	Weniger werden des Konfliktes
	N		
Falsche Wahrnehmung	**D**		
	E	Angst beim Enthüllen des Egos	Steigende Bereitwilligkeit, mein Ego als das Problem zu sehen
	P		
	U		
	N		
Alptraum	**K**		
	T	Lernen, dass ich nicht von irgendetwas Äußerem angegriffen werden kann	Lernen, dass meine Angriffe auf andere ungerechtfertigt sind

Schaubild 2: Die Reise nach Hause
(nach Allen Watson 1994)

... Die Reise		Ziel des Lehrplans	GOTTES LETZER SCHRITT	Letztendliches Ziel
Phase 2 Im Licht erscheinen		Rechtgesinntheit		Einsgesinntheit
Schritt 3 Anfänge der Ausdehnung	Schritt 4 Wachsamkeit für Gott und sein Königreich			
Entschlossenheit, Konflikt zu beenden	Wachsam gegenüber Konflikt	Wirkliche Welt		Himmel
Entscheidung, nur auf den Heiligen Geist zu hören	Aufmerksam für unbemerkte Ego Gedanken Ausdehnen der Vergebung zu den Brüdern in der Welt	Wahre Wahrnehmung		Wissen Erkenntnis
Sich verbinden mit Gefährten auf der Reise	Wahre Wahrnehmung	Glücklicher Traum		Erwachen

Schaubild 2: Fortsetzung
(über beide Seiten erstreckt gelesen)

Wie oben erwähnt, sehe ich unsere Reise als einen Teil des Göttlichen Mysteriums an, das wir alle auf unsere eigene Art und in unserer eigenen Zeit entdecken. Für mich war der Kurs der einzig hilfreiche Leitfaden, den ich gefunden habe, um das Mysterium zu erkunden und zu leben. In einer der am häufigsten zitierten Zeilen beschreibt der Kurs die andere Seite des Paradoxes der „Reise":

> „Die Reise zu GOTT ist lediglich das Wiedererwachen der Erkenntnis dessen, wo du immer warst und was du ewig bist. Es ist eine Reise ohne Entfernung zu einem Ziel, das sich niemals verändert hat." (T-8.VI.9)

„*Suche deshalb nicht, die Welt zu ändern, sondern entscheide dich, dein Denken über die Welt zu ändern.*"

Ein Kurs in Wundern (T-21-Einl.)

Stufen von Genesung und Heilung

Kapitel 8
Stufen von Genesung und Heilung

Wie ich oben schon sagte, mag es viele Gründe geben, warum jemand den Kurs nicht versteht. Es kann der Fall sein, dass 1) es einfach nicht passt, wenn die Person einfach kein Interesse haben mag, oder 2) dass zuviel Konflikt entsteht, wenn die Person den Kurs mit ihrer Ursprungsreligion oder Praxis vergleicht oder 3) es treten Schwierigkeiten auf in Bezug auf die Stufe der Gesundung oder Heilung, in der sie ist, wenn sie den Kurs studiert.

Für Jahre habe ich die Stufen von Gesundung in drei Stufen unterteilt.

In Stufe Null hat die Person eine aktive Krankheit oder Störung, die akut sein mag, wiederauftretend oder chronisch und sie hat noch nicht mit der Genesung begonnen (siehe Tabelle 5). Ohne dass sie davon geheilt wird oder gesundet, ist es leicht möglich, dass die Störung sie von der Fähigkeit ablenken wird, sich voll auf die Arbeit der Stufe Zwei und Drei zu konzentrieren oder auf den Kurs.

In Stufe Eins beginnt Genesung. Es schließt die Teilnahme an einem vollen oder anteiligen Genesungs-Programm ein, um der Person zur Heilung der Störungen und Bedingungen der Stufe Null zu verhelfen.

Stufe Zwei schließt die Heilung der Wunden aus der Vergangenheit und Kindheit oder anderer Traumata mit ein, und dies braucht mehrere Jahre der Heilung in einem vollen oder anteiligen Genesungs-Programm.

Stufe Drei schließt Spiritualität mit ein und ihre Eingliederung in das Alltagsleben, was der Kurs so gut adressiert.

Diese Stufen-orientierte Entwicklungssequenz ist ein fortlaufender Prozess für die meisten von uns, wie es in Tabelle 5 gezeigt wird.

Stufe	Zustand	Fokus auf Genesung	Durch-schnittliche Dauer	Verständnis des Gebrauchs von EKIW
3	Menschlich / Spirituell	Spiritualität	Fortlaufend	Leichter
2	Post-traumatisch	Trauma-spezifisches Genesungs-Programm	3-5 Jahre oder mehr	Einige Schwierigkeiten
1	Stufe 0 Störung	Volles Genesungs-Programm für die grundlegende Krankheit	1/2 bis 3 Jahre	Schwierig
0	Aktive Krankheit	gewöhnlich keine	Undefiniert	Am schwierigsten

Tabelle 5
**Genesung und Dauer in Bezug auf die Stufen
der Leichtigkeit des Verständnis von EKIW**

Während der Kurs in jeder dieser Stufen nützlich sein mag, kann er schwieriger verständlich sein in Stufe Null, Eins und Zwei und dann leichter zu verstehen und zu gebrauchen am Ende von Stufe Zwei bis Stufe Drei. Ein Grund für diesen Anstieg ist die Schwierigkeit, die wir mit einer Reihe von grundlegenden psychologischen und spirituellen Themen haben können, wenn wir durch eine Störung oder Krankheit der Stufe Null abgelenkt sind, kombiniert mit der Tatsache, dass wir unser Wahres Selbst erfahrungsgemäß noch nicht kennen. (Whitfield 1987, 1991,1993)

Wenn eine Person versucht, von Stufe Null oder Eins zu Stufe Drei zu springen, ohne die Genesungs-Arbeit in Stufe Eins und / oder Zwei zu machen, ist es, also ob sie – bewusst oder unbewusst – versucht, die mittleren Stufen zu umgehen. Manche haben dies „Spirituellen Bypass" genannt oder als Versuch bezeichnet, Gott zu kennen, bevor wir unser Wirkliches Selbst kennen.

Aus diesen und anderen Gründen empfehle ich niemandem, den Kurs in der Tiefe zu lesen, bevor er nicht die letzte Phase der Stufe Zwei in seinem Genesungsweg erreicht hat. Eine wichtige Phase der Arbeit in Stufe Zwei ist es, vielen Dingen einen aussagekräftigen Namen zu geben, wie zum Beispiel den Elementen unseres inneren Lebens, den Kernthemen der Genesung und den Traumata der Vergangenheit. Nur wenn wir diese auf treffende Weise benennen und betrauern, können wir sie am erfolgreichsten loslassen. Es ist dieser Prozess des Loslassens, bei dem der Kurs so hilfreich sein kann.

Um wen geht es im Kurs?

Kapitel 9
Um wen geht es im Kurs?

Bis hierher habe ich beschrieben, um *was* es im Kurs geht. In den folgenden Kapiteln werde ich einen Überblick geben, um *wen* es im Kurs geht, d.h. seine Hauptcharaktere, Darsteller und Wesen. Auf der höchsten Ebene geht es um Eine Person. Es geht um Gott. Die zwei größten Teile Gottes, die der Kurs im Detail beschreibt, sind der Heilige Geist, der Gottes bedingungslos liebende Göttliche Energie ist, und das Kind (mein geschlechter-gleicher Begriff), welches er den Sohn nennt (die individuelle Person) und die Sohnschaft (die Gemeinschaft von uns allen).

Das Kind oder jeder von uns individuell hat die Fähigkeit, das Gewahrsein oder Bewusstsein, zu jeder Zeit zu wählen, durch den freien Willen, im bewussten oder unbewussten Kontakt mit Gott zu sein – oder nicht mit Gott zu sein, was für gewöhnlich das Ego ist.

Das Ego

Das Ego ist ein „Akteur", der eigentlich weder ein Akteur noch eine Person ist. Es ist eine Art vorübergehender und illusorischer Helfer oder Entität, von der der Kurs sagt, dass wir sie gemacht haben, und die Gott nicht gemacht hat. Warum haben wir das Ego gemacht? Der Kurs gibt keine klare Antwort. Meine persönliche Vermutung ist, dass wir das Ego gemacht haben, damit es uns hilft, auf unserer Reise durch das göttlich geheimnisvolle Abenteuer unseres Lebens auf diesem Planeten zu navigieren und uns zu sortieren.

Der Kurs spricht viel über das Ego. Er erwähnt oder beschreibt viele seiner Merkmale, die ich in Tabelle 6 aufliste. Wenn ich mir die Merkmale durchlese, sehe ich wenige, wenn überhaupt einige begehrenswerte. Sie sind alle meist nicht wünschenswert und es ist schmerzhaft, in der

Schusslinie zu sein, wenn das Ego diese verrückten (und verrückt-machenden) Gedanken und Verhaltensweisen zeigt.

Die einzigen Merkmale, die ich in Tabelle 6 sehen kann, die zeitweise nützlich sind, sind einige schmerzhafte Gefühle, die uns dabei helfen, zu trauern sowie gesunde Grenzen zu setzen, wie ich es unten beschreibe. Es kann auch in seltenen Fällen nützlich sein, um unehrlich mit unsicheren Anderen zu sein, so wie wenn wir von einem Terroristen gefangen genommen würden. Wachsamkeit ist in den meisten Situationen nützlich, aber ich denke, was der Kurs hier meint, ist, dass das Ego wachsam für Trennung und Negativität ist, und nicht für Gott und Gottes Königreich.

Das Ego definieren

Aber abgesehen von meinen oben genannten Ansichten, beschreibt der Kurs im Wesentlichen keinen konstruktiven Nutzen für das Ego. Wie ein Hubschrauber, der wieder und wieder in verschiedenen Kreisen über und um ein Gebäude herumfliegt, um es von vielen verschiedenen Winkeln und Blickrichtungen zu fotografieren, umzingelt der Kurs im Verlauf der drei Bände das Ego und beschreibt seine Merkmale und „Dynamiken" aus vielen verschiedenen Perspektiven. Eine dieser ersten indirekten Bezüge zum Ego erscheint in Kapitel 2 des Textbuchs, wo er sich auf die vier verzerrten Glaubenssätze des Egos bezieht.

Diese verzerrten Glaubenssätze beinhalten Folgendes:

1. **Was Gott geschaffen hat, kann durch unseren Geist verändert werden.** (siehe Tabelle 6: Merkmale des Egos in EKIW)

2. **Was vollkommen ist, kann unvollkommen oder mangelhaft gemacht werden.**

3.   Du kannst die Schöpfungen Gottes verzerren und...

4.   Du kannst dich selbst erschaffen und die Richtung deiner eigenen Schöpfung ist deine Angelegenheit.

Der Kurs sagt:

> „Diese miteinander verwandten Verzerrungen stellen ein Bild dessen dar, was eigentlich bei der Trennung oder dem `Umweg in die Angst` geschah. Nichts von alledem existierte vor der Trennung, noch existiert es tatsächlich jetzt."
> (T-2-I.2)

Glaube oder Idee	Löst Freude auf	Frieden ist sein größter Feind	Unkreativ
Trennung	Spaltend	Schwache Entscheidungskraft oder Wahl	Unvorhersehbar
Mangel	Verteidigend	Projiziert, um zu betrügen	Unstabil
Angst, Schuld, Ärger, Verwirrung (welche es auch generiert)	Verteidigt die Realität der Sünde	Ausschließen und zerstören	Misstrauend
Blockiert Kommunikation	Unehrlich	Unterstützt besondere Beziehungen	Boshaft
Der Körper ist sein Symbol	Kann nicht lieben und liebt nicht	Voreingenommen mit unlösbaren Problemen	Falsche Stimme
Willkür	Fragmente	Spricht zuerst und am lautesten	Analysiert
Vergleicht	Fürchtet den Tod, will dich aber tot	Sucht Liebe, aber verzerrt sie und findet sie nicht	Bedingt

Tabelle 6
Merkmale des Egos in EKIW

Komplex	Grandios	Akzeptiert was ...	... der Heilige Geist zurückweist
Verurteilt	Ignorant, unwissend	Suspekt	Gerissen und rätselhaft
In Konflikt	Illusion, nicht real	Grausam	Von uns gemacht, nicht von Gott
Verwirrt und verwirrend	Ungesund	Symbol der Trennung	Ein Teil des Geistes, der an Trennung glaubt
Leugnet freien Willen	Unfähig, unsere Gefühle zu kennen	Opfert	Ablenkend
Entmachtet	Urteilend	Nimmt andere in die Pflicht	Lehrt, dass Sünde und Irrtum real seien
Verzweifelt	Lebt in Zeit	Schikaniert	Entgeistigt
Teufel	(Unterstützt) Kleinheit	Verräter	

Tabelle 6
Merkmale des Egos (Fortsetzung)

Das Ego wird direkt in Kapitel 3 erwähnt:

> „Das Ego ist ein falschgesinnter Versuch, dich so wahr-
> zunehmen, wie du sein möchtest, statt wie du bist. Doch kannst
> du dich nur so erkennen, wie du bist, weil das das Einzige ist,
> dessen du gewiss sein kannst." (T-3.IV.2)

Wie ich es in „Das innere Kind heilen" beschrieben habe, ist das Ego das falsche Selbst und steht im Gegensatz dazu, „wie du bist" und zu dem, „dessen du gewiss sein kannst": deinem Wahren oder Wirklichen Selbst, das auch die Seele oder das menschliche Herz genannt werden kann. Dieses Selbst ist mit Gott verbunden und wird daher auch im Kurs der rechtgesinnte Geist genannt. Er fährt fort:

> „Das Ego ist der fragende Aspekt des Selbst nach der
> Trennung, das gemacht und nicht erschaffen wurde. Es kann
> zwar Fragen stellen, aber nicht bedeutungsvolle Antworten
> wahrnehmen, weil diese Erkenntnis einbeziehen würden und
> nicht wahrgenommen werden können." (T-3.IV.3)

Das Ego identifizieren

Ein Weg zum Erkennen, dass wir im Ego sind, ist wenn wir *Anspannung, Angst, Konflikt, Ärger, Schuld oder Scham* erfahren. In diesem Moment haben wir uns nicht für Gott entschieden. Kurz gesagt, wenn wir keinen Frieden empfinden, sind wir wahrscheinlich in unserem Ego oder hängen an ihm. Basierend auf meiner eigenen Lebenserfahrung und der Erfahrung, die ich in der Begleitung vieler Menschen bei der Heilung von Schmerz, Verlust und Trauma gesammelt habe, gibt es sehr lange eine potenziell schwierige Blockade für unser Im-Frieden-sein, selbst wenn wir Gott anstelle des Egos wählen. Im aktiven Prozess der Trauer um die Verletzung, den Verlust oder das Trauma können wir in unserem Wahren Selbst sein und nicht in unserem Ego. Das Problem ist, dass das Auftauchen dieser ähnlichen schmerzhaften Gefühle ein zweischneidiges

Schwert sein kann, in dem Sinne, dass sie entweder authentische Trauer oder Ego-Anhaftung sein können. Abbildung 1 unten kann helfen, diesen Gedanken zu erklären. Da wir jegliche und all diese schmerzvollen Gefühle erfahren, wenn wir trauern, kann es einige Zeit dauern, differenzieren zu lernen, ob es sich um gesunde Trauer handelt oder wir in unserem Ego sind. Im gesunden Trauern fühlen wir oft eine bittersüße Traurigkeit und wir fühlen gewöhnlich eine Bewegung oder einen Fluss in unserer Trauer, d.h. wir fühlen uns nicht festgefahren (was andere und ich auch mit „Depression" gleichsetzen). Der Kurs lehrt uns, dass - wo immer wir uns auch auf diesem Spektrum befinden – wir Gott wählen können. Aber das Ego ist gerissen und verwirrend. Es wird weiterhin versuchen, uns zu überzeugen, dass es uns etwas anbieten kann und dass es immer in unserem Namen handeln wird. Der Kurs schlägt vor, dass wir nicht dieser Verführung glauben und auf die leeren Versprechungen reinfallen, die das Ego nicht erfüllen kann.

Ego-Anhaftung	--------	Graue Zone des Trauerns	--------	Gott wählen
Angst, Scham, Spannung	Ärger Schuld Konflikt	Trauer Verwirrung	Zufriedenheit Mitgefühl	Frieden, Liebe

Tabelle 6b
Spektrum der Gefühle
Von der Ego-Anhaftung über das Trauern zum Wählen Gottes

Im Kurs findet man viele Beispiele eingehender Beschreibungen des Egos. Einige davon befinden sich am Ende des Handbuchs für Lehrer in dem

Abschnitt der Begriffsbestimmungen. In Bezug auf die „Dynamiken" des Egos heißt es im Textbuch:

> „`Dynamik` impliziert die Macht, etwas zu tun, und der ganze Trugschluss der Trennung beruht auf dem Glauben, dass das Ego die Macht hat, etwas zu tun. Das Ego flößt dir Angst ein, weil du das glaubst. Die Wahrheit aber ist ganz einfach:
> *Alle Macht ist von GOTT. Was nicht von IHM ist, hat keine Macht, irgendetwas zu tun. (..)* Das Ziel des Ego ist ganz ausdrücklich Ego-Autonomie. Von Anfang an bezweckt es also, getrennt zu sein, sich selber zu genügen und von keiner Macht abhängig zu sein, außer seiner eigenen." (T-11.V.3)

Das ist zum großen Teil der Grund, dass wenn wir unserem Ego die Führung unseres Leben überlassen, wir uns meist nicht gut fühlen in unseren Beziehungen, unseren Emotionen und unserem Wohlbefinden. Das obige sind einige Beispiele dazu, was der Kurs über das Ego sagt, dass *wir gemacht haben* und das *nicht real* ist. Aber dadurch, dass wir dachten, wir bräuchten es zum Überleben und da wir von einigen unserer weltlichen Autoritätspersonen dazu erzogen wurden, uns damit zu identifizieren, übernahmen wir es, als ob es unsere Identität wäre. Aber in jedem Moment unseres Lebens bietet uns der Kurs diese einfache Idee und Wahl an: Wann immer wir Schmerz empfinden, können wir Gott statt des Egos wählen.

„Das Ego lebt buchstäblich von Vergleichen.

Das Ego kann ohne Urteilen nicht überleben."

Ein Kurs in Wundern (T-4.II.7 / T-4.II.10)

Gott

Kapitel 10
Gott

Die Einführung des Kurses sagt: „Nichts Wirkliches kann bedroht werden. Nichts Unwirkliches existiert. Hierin liegt der Frieden Gottes." Gott und Gottes Welt, die jeden von uns und unsere Erfahrung des Göttlichen Mysteriums einschließt, ist real. Sie ist unverletzlich und sicher, also sollten auch wir uns entspannen und unseren Teil darin genießen.

Der Kurs sagt, dass Gott unsere wichtigste Beziehung ist.

> „Denn GOTT hat die einzige Beziehung erschaffen, die eine Bedeutung hat, und das ist SEINE Beziehung zu dir."
> (T-15.VIII.6)

Dies ist eine weitere Sichtweise auf die Idee, dass alles Gott ist. Alles. Alles, was real ist, ist Gott und Teil von Gottes Welt.

Von welcher Art ist Gott?

Aber wie können wir so eine mysteriöse Entität oder Wesen beschreiben, das so großartig ist, dass es alles mit einschließt, was real ist? Meine Antwort und die vieler anderer (wie zum Beispiel Robert Perry 1993, 2008) ist, dass wir nicht in der Lage dazu sind. Was folgt sind somit ein paar kurze Worte über das, was nicht mit Worten beschrieben werden kann, was eine der Charakteristika für Gott ist: Unbeschreiblichkeit.

Das Alte Testament sagt, dass Gott sprach: „Ich bin der Ich Bin" (Ex 3:14) und der Kurs sagt:

> „»GOTT ist«, und dann hören wir auf zu sprechen, denn in dieser Erkenntnis sind Worte bedeutungslos. Da sind keine Lippen, sie zu sprechen, und kein Teil des Geistes, der sich genügend unterscheiden würde, um zu verspüren, dass ihm jetzt etwas bewusst ist, was nicht er selber ist. Er hat sich vereint mit seiner QUELLE. Und wie die QUELLE SELBST, so ist er einfach." (Ü-169.2)

Bei der Durchsicht des Kurses und einer frühen Konkordanz (Begriffsindex) zum Text von Findisen (1983) fand ich über 30 Merkmale Gottes beschrieben, die wir uns anschauen können (Tabelle 7). Ich habe bemerkt, dass dort überhaupt keine bedrohlichen, urteilenden, beängstigenden oder negativen Merkmale Gottes vorkommen. Tatsächlich sagt der Kurs klar und deutlich was Gott nicht ist:

1) Rachsüchtig (Der Kurs sagt: „Rache ist mein" bedeutet, deine Rache Gott zu geben, der sie überstrahlen und ungeschehen machen wird, indem er sie auflöst.)
2) Neidisch (Er sagt: wir sind neidisch, nicht Gott)
3) Strafend oder
4) Urteilend, im Gegensatz zu einigen Interpretationen der Bibel durch einige seiner Autoren und Leser. Dem Kurs nach will Gott klar und deutlich nicht, dass wir in irgendeiner Form leiden.

Wie Robert Perry (1993), ein langjähriger Schüler und Schriftsteller über den Kurs sagt: „Wenn du die positiven Begriffe von Gott, die du in der westlichen Spiritualität übernommen hast – die eines Gottes, der liebend, gnädig, weise und gerecht ist – und diese Konzepte dann erhebst, ausdehnst und reinigst bis zum höchstmöglichem Maß, und sie in die Unendlichkeit aussendest, weit, weit jenseits der Grenzen deines Verstandes, dann hättest du eine leise Ahnung von der Idee des Gottes des Kurses."

Sein („Ich bin")	Unendlich	Formlos
Quelle, Schöpfer, Ursache	Ewig	In uns
Vater (jenseits von Geschlecht)	Eins	Ruhig
Real, Realität	Das Universum	Unverteidigt, wehrlos
Frieden, Freude, Himmel	Kreativ	Ohne Konflikt
Zuhause (d.h. unser wahres Zuhause)	Bedingungslose Liebe	Bittet um Hingabe
Unbeschreiblich (Göttliches Mysterium)	Unveränderlich	Sicher
Grenzenlos, allgegenwärtig	Kraft	Paradox
Matrix, Container	Wissen, Erkenntnis	Vertraut uns vollkommen

Tabelle 7
Einige Merkmale Gottes aus EKIW

Was gibt Gott jedem von uns ?

Zwei von Gottes Merkmalen stechen hervor im Verlauf des Kurses: Kreativität und Bedingungslose Liebe („Gott ist Liebe" 1.Joh 4:8 & 16) sodass wir teilweise sagen können: Gott ist kreative, bedingungslose Liebe. Während wir nicht genau wissen, wie Gott so kreativ ist, sagt der Kurs, dass Gott durch die Ausdehnung oder das Geben dieser Liebe erschafft.

Aber was gibt Gott jedem von uns? Der Kurs sagt, dass Gott uns alles gibt, *alles was es gibt,* was seine Liebe und sein Licht mit einschließt, Bedeutung und Gnade, und dass wir zugleich die Kraft *haben* und die Kraft *sind,* mit der wir für uns erschaffen, was uns auch durch Ihn gegeben ist. Gott gibt uns Seinen Willen und Sich Selbst, was bedeutet, dass wir Gottes Ausdehnung sind, d.h. Gott ist *in* jedem von uns.

Durch das Lesen des Kurses über 30 Jahre habe ich mehr und mehr den Eindruck gewonnen, dass Gott jedem von uns viel von sich selbst, viel von seiner Göttlichkeit geschenkt hat. Und er sagt, dass es ein Weg ist, damit zu beginnen, diese Tatsache zu erkennen, Gott statt des Egos zu wählen, wann immer wir Schmerz, Konflikt, Spannung, Ärger, Groll oder Unzufriedenheit empfinden.

Der Kurs sagt, wir seien Gottes einzige Schöpfung:

> „GOTT schuf nichts neben dir, und neben dir existiert nichts, denn du bist Teil von IHM." (T-10.Einl.)

Dann führt er ein weiteres Paradox ein:

> „Deine Schöpfungen tragen zu IHM bei, wie du es tust, aber nichts wird hinzugefügt, das anders wäre, weil alles immer schon gewesen ist."(T-10.Einl.)

Wie können Gott und Gottes Welt gleichzeitig unveränderlich, ausdehnend und schöpferisch sein? Dieser Gedanke ist für unseren rationalen Verstand so unbequem, dass wir Worte wie "paradox" benutzen müssen, um ihn zu beschreiben. Aber als Teil des göttlichen Mysteriums, so sagt der Kurs, ist in Gott dieses scheinbare Paradox vollkommen in Frieden.

Gottes Wille für uns

Gott hat uns auch Seinen Willen gegeben. Der Kurs erzählt uns viel darüber, was genau der Wille Gottes für uns ist. Gott will, dass jeder von uns nicht durch Negativität wie Schmerz, Leiden, „Sünde" oder Tod gebunden ist. Gott will, dass wir vollkommenes Glück erleben, dass wir mit Ihm erschaffen und Seine Liebe und Sein Licht teilen.

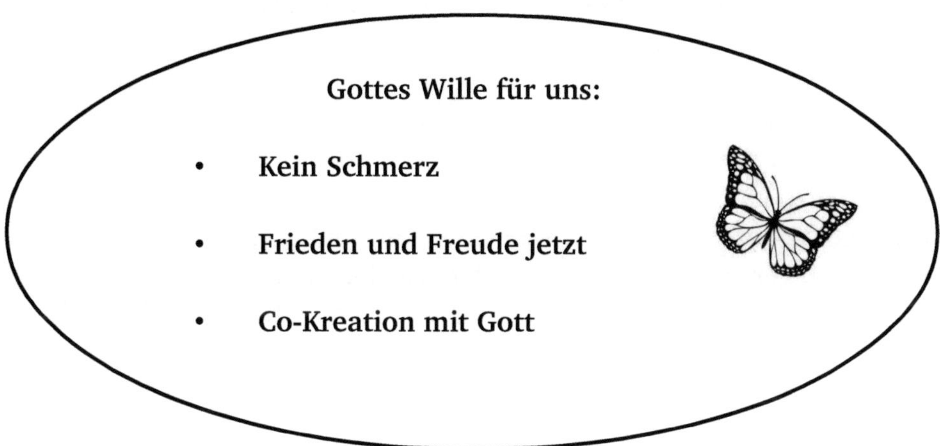

Schlussendlich sind *wir* Gottes Wille, was der Kurs Sohn oder Sohnschaft nennt (die Summe aller Teile von Gottes Schöpfung), von der wir ein notwendiger und entscheidender Teil sind. Er sagt, dass Gott ohne uns einsam ist und dass wir ebenso ohne Gott einsam sind.

> „GOTT und SEINE Schöpfungen sind vollständig abhängig voneinander. ER hängt von ihnen ab, *weil* ER sie vollkommen schuf. ER gab ihnen SEINEN Frieden, damit sie nicht erschüttert und nicht getäuscht werden könnten. (..) GOTT ist einsam ohne SEINE SÖHNE und sie sind einsam ohne IHN." (T-2.II.5)

Wenn wir diese Worte wörtlich nehmen, mögen wir vermuten, dass Gott auch ein *fühlendes Wesen* ist, das Liebe fühlt, manchmal Einsamkeit für uns, und hin und wieder auch um uns weint. In Bezug auf dies, mögen wir uns fragen: Sind dies menschliche Merkmale oder Göttliche? Vielleicht sind sie beides. Im Gegensatz dazu sieht Ken Wapnick diese Aussagen des Kurses als Metaphern oder Symbole an, um über ihre wörtliche Bedeutung hinauszugehen, um zu ihrer wahren Bedeutung zu gelangen. Was Gott erschafft ist ewig und da Gott uns erschaffen hat, sind wir ewig. Wir haben nichts zu fürchten vor Gott und da das Ego nicht real ist, müssen wir es auch nicht fürchten. Also sind die meisten unserer Ängste unnötig, wir können uns entspannen. Dies ist eine der Vorteile des Lesens des Kurses und des Einübens seiner Prinzipien, da das Lesen uns dabei helfen kann, Frieden zu erfahren. Ich habe bemerkt, dass an Tagen, an denen ich ihn lese und / oder meditiere, ich mich besser fühle. Ich fühle weniger Angst, Spannung oder Konflikt. Für mich ist dies „gute Medizin" – es funktioniert, es ist gratis und nicht giftig. Im nächsten Band *Lehrer Gottes* widme ich das gesamtes Kapitel 10 der Beschreibung dessen, was der Kurs darüber sagt, was Gottes Wille für uns ist.

„*Gott und Seine Schöpfungen sind vollständig abhängig voneinander. ER hängt von ihnen ab, weil ER sie vollkommen schuf. ER gab ihnen Seinen Frieden, damit sie nicht erschüttert und nicht getäuscht werden könnten. (..) Gott ist einsam ohne Seine Söhne und sie sind einsam ohne IHN.*"

Ein Kurs in Wundern (T-2.II.5)

Der Heilige Geist

Kapitel 11
Der Heilige Geist

Der Heilige Geist ist die Brücke von Gott und Gottes Welt zu dieser Welt, wie wir sie kennen. Gott kann oft abstrakt und riesig erscheinen, sodass wir Schwierigkeiten haben, uns mit Gott zu verbinden, auf Ihn zu reagieren und Ihn zu realisieren. Der Heilige Geist jedoch kann und wird uns darin begleiten, diese freudvollen Erfahrungen zu machen. Dies geschieht auf vielfältige Weise. Ich fasse dies in Tabelle 8 zusammen.

Der Heilige Geist ist grundsätzlich eine Ausdehnung und eine Kraft, die die Ausdehnung Gottes und der Liebe Gottes zu jedem und für jeden von uns bewirkt. Er ist die intensive und nie endende bedingungslose Liebe, durch die Gott das Göttliche Mysterium der Schöpfung und Existenz verwirklicht. Aber diese Liebe, die wir den Heiligen Geist nennen, ist so intelligent und sanft, dass sie genau weiß, wie sie uns begleiten kann, in dem, was unsere eigenen individuellen Bedürfnisse sind. Um diese Hilfe zu erhalten, müssen wir uns nur fragen, was jedes Mal geschieht, wenn wir uns für Gott statt für das Ego entscheiden.

Der Kurs sagt, der Heilige Geist ist unser Heiler, Tröster und Führer, unser vollkommener Lehrer. Gott erschuf ihn, als die Trennung, was auch „der Fall" genannt wird, scheinbar geschah. In diesem unheiligen Augenblick, als wir dachten, wir trennten uns von Gott, fühlten wir einen plötzlichen Ansturm von Angst, Schuld und Scham, und diese Gefühle in uns hörten seitdem nicht mehr auf. Wir fühlten und fühlen immer noch diese schmerzlichen Gefühle, weil wir noch immer denken, wir hätten Gott verlassen, dass wir deshalb auf eine Weise schlecht wären und dass Gott uns dafür bestrafen wird.

Aber der Kurs sagt, dass Gott den Heiligen Geist zur gleichen Zeit geschaffen hat, zu der wir das erste mal dachten, wir seien von Gott getrennt. Immer wenn wir uns getrennt fühlen oder irgendeine Art dieser schmerzhaften Gefühle oder irgendeinen Schmerz fühlen, können wir somit ein Mitglied der Trinität um Hilfe bitten, und wir werden dadurch Gott anstelle des Egos wählen.

Die folgende Tabelle stellt einige Merkmale des Heiligen Geistes dar, wie sie in EKIW beschrieben werden.

Heiler	Universelle oder gemeinsame Inspiration	Mediator zwischen Geist und Ego
Tröster	Geist der Freude	Weg der Versöhnung, heilt
Führer in der Wahl	Ruft Gott an und kehrt zur Freude zurück	Glanz und Herrlichkeit
Vollkommener Lehrer	Geist für Gott	Ruhig
Die Antwort auf die Trennung und alles	Idee und Gedanke Gottes	Unsere Kommunikation mit Gott
Motivation für Wunder und Wundergesinntheit	Erinnert uns an unser Zuhause in Gott	Wahl für Gott, Das Große Korrektur - Prinzip

In jedem von uns (in unserem rechtgesinnten Geist)	Stimme für Gott und Gottes Wille	Bringt die Liebe Gottes
Nahe der Erkenntnis	Stimme für die Schöpfung	Stärkt das Königreich im Inneren
Unfähig des Angriffs, der Kontrolle und Arroganz - erinnert einfach nur	Übersetzt: - Kommunikation ins Sein - Wahrnehmung in Erkenntnis	Führt uns zu Gott

Tabelle 8
Merkmale des Heiligen Geistes aus EKIW

Unsere Verbindung und die duale Funktion

Im Verlauf des Kurses finden sich zahlreiche Hinweise auf den Heiligen Geist. Ich werde hier zwei der prägnantesten erwähnen. Die erste und einfachste findet sich im Handbuch für Lehrer, wo es darum geht, wie wir mit dem Heiligen Geist *verbunden* sind. Es wird gesagt, dass Jesus und *jeder von uns die Manifestation* des Heiligen Geistes ist. Er sagt:

„ER hat Jesus als den Führer eingesetzt, um SEINEN Plan auszuführen, da er der erste war, der seinen eigenen Teil darin vollkommen erfüllte." (B-6.2)

Wapnick (1984) beschreibt die „Brückenfunktion" des Heiligen Geistes mit der Metapher der „zwei Füße", die er in zwei Welten hat: in Gottes Welt und der unseren. Im Kurs wird ein Gedanke beschrieben, der *die duale Funktion* des Heiligen Geistes genannt wird. Es heißt:

> „ER erkennt, weil ER Teil GOTTES ist; ER nimmt wahr, weil ER gesandt wurde, die Menschheit zu erlösen. ER ist das große Prinzip der Berichtigung, der Bringer wahrer Wahrnehmung, die der Schau CHRISTI innewohnende Macht. ER ist das Licht, in dem die Welt, welcher vergeben worden ist, wahrgenommen wird; in dem nur das Antlitz CHRISTI gesehen wird. ER vergisst den SCHÖPFER oder SEINE SCHÖPFUNG nie. ER vergisst den SOHN GOTTES nie. ER vergisst dich nie. Und ER bringt dir die LIEBE deines VATERS in einem ewigen Leuchten, das niemals ausgelöscht werden wird, weil GOTT es dorthin tat." (B-2.6)

Der Prozess des Rückgängigmachens

Mein zweiter ausgewählter Bezugspunkt zum Heiligen Geist ist komplexer und in meiner Erfahrung braucht es dabei für gewöhnlich eine Weile des Übens und Lernens. Es geht um etwas, was der Kurs den *Prozess des Rückgängigmachens* nennt, d.h. das Aufheben oder Loslassen des Egos. Dieser Prozess wird im Verlauf des Kurses auf verschiedene Weise beschrieben, am ausführlichsten jedoch im Abschnitt „Die Lektionen des Heiligen Geistes" (T-6-V). Hier fasst er den Prozess in drei Aussagen zusammen:

1) Um alles zu haben, gib alles.

2) Um Frieden zu haben, lehre Frieden.

3) Sei nur wachsam für Gott und Sein Königreich.

Ich habe während der Jahre über diese drei Aussagen unzählige Male meditiert und den Abschnitt viele Male gelesen, und immer noch bin ich noch nicht ganz sicher, was genau der Begriff „Alles" bedeutet. Momentan denke ich, dass in Aussage Nr.1 hier „Alles" Frieden, Liebe und Akzeptanz bedeutet, was die Botschaft des Neuen Testaments war, obwohl der Kurs diese drei Begriffe auf seinen Seiten ausführlich erläutert.

Schritte	Zusammengefasste Kommentare aus EKIW
Um alles zu haben, gib alles.	Vorläufig. Wir wenden uns in diese Richtung und übernehmen somit die Verantwortung. Das kann zu Konflikten führen. Der Heilige Geist führt uns durch jeden dieser Schritte.
Um Frieden zu haben, lehre Frieden.	Wir haben und sind, was wir lehren oder projizieren, und bekräftigen dies durch das, was wir glauben und denken. Konflikt (vom Ego) bleibt bestehen und lässt dann stufenweise nach. Während dieser Zustand immer noch vorläufig ist und auf Wahrnehmung basiert, bestärkt dies, dass wir Frieden wollen, und es ist ein Schritt in Richtung Frieden. Vollständig zu begehren, heißt zu erschaffen. Der Heilige Geist führt uns weiter.
Sei nur wachsam für Gott und Sein Königreich.	Lehrt uns, nicht zu urteilen; transformiert Projektion in Ausdehnung. Wir lernen schließlich, dass Wachsamkeit nicht nötig für die Wahrheit ist und dass alles außerhalb des Königreichs Illusion ist.

Tabelle 9: Gliederung des Prozesses des Aufhebens des Egos

Dieser Abschnitt beschreibt, wie diese drei Schritte, die anfangs schwierig sind, zunehmend leichter zu erreichen sind, während wir ihnen folgen, was ich in Tabelle 9 zusammenfasse. Nach dem Betrachten dieser Gliederung magst du Kapitel 6 des Textbuches studieren und dich dann zurücklehnen und beobachten, was aufkommt für dich und dein inneres Leben. Als ich das tat, bemerkte ich einen Konflikt, da ich eine Erfahrung von gleichzeitiger Annäherung und Vermeidung machte. Ich empfand Frieden, als ich diese Herangehensweise kontemplierte, und fühlte mich dadurch verpflichtet, sie weiter zu studieren, während ich mich gleichzeitig auch ungut fühlte. Aber je mehr ich es las und studierte, desto besser konnte ich mein Ego loslassen und Gottes Liebe und Frieden spüren, was dann die Anspannung verminderte, die ich in schwierigen Situationen und meinen Beziehungen fühlte.

Es hat mich viel Zeit gekostet, das alles zu verarbeiten, und manchmal war es schwierig. Aus diesem Grund, und wie ich es im Allgemeinen für den Kurs empfehle, rate ich niemandem, der neu im Kurs ist, zu versuchen, direkt in diesen Abschnitt über den Prozess des Rückgängigmachens einzutauchen. Es ist besser, den Kurs langsam zu lesen, über einen längeren Zeitraum hinweg, in kleinen Stücken, um die Botschaft allmählich zu verdauen. Lies Kapitel 6 ohne Eile, wenn du dazu kommst.

Der Heilige Geist in anderen Glaubensrichtungen

Der Kurs verwendet den traditionellen christlichen Begriff des Heiligen Geistes. Andere Glaubensrichtungen geben ihm andere Namen. Buddhisten und Taoisten haben ihn *Chi* oder *Ki Energie* genannt, und Hindus bezogen sich darauf teilweise als *Kundalini Energie*. Juden nennen ihn *Ruach Ha Kudosh* und Amerikanische Ureinwohner nennen ihn *Geist*. Aber alle scheinen die gleiche liebende, heilende und kreative Energie Gottes zu meinen, die auch in jedem von uns ist.

Wenn wir Gott anstelle des Egos wählen, können wir spirituell zu jedem Mitglied der Trinität „die Hand ausstrecken" – zu Gott, zum Heiligen Geist oder zum Christus, denn diese sind jeder ein Teil der Totalität Gottes.

„Schenkt einander Glauben, denn Glaube, Hoffnung und Barmherzigkeit sind Euer, damit Ihr sie verschenkt."

Ein Kurs in Wundern (OE-19.IV.d.106)

12

Wer ist der Christus?

Kapitel 12
Wer ist der Christus?

Das Neue Testament war scheinbar inspiriert von Gott und Jesus, aber Bibelgelehrte des letzten Jahrhunderts, einschließlich derer des Jesus Seminars (Funk et al 1999), sagen, dass es zumeist von unbekannten Nachfolgern von Jesus geschrieben wurde. Das Bemerkenswerte am Kurs ist, dass er in seiner Gesamtheit vom lebendigen Christus geschrieben wurde.

Das konventionelle Christentum erkennt nur einen Christus an, den historischen und noch lebenden Jesus. Der Kurs erweitert dieses Verständnis zu dem Christus, der in jedem von uns lebt:

> „Zuerst muss Zweifel da sein, bevor es Konflikt geben kann. Und jeder Zweifel muss ein Zweifel an dir selber sein. CHRISTUS hat keinen Zweifel und aus SEINER Gewissheit kommt SEINE Ruhe. ER wird SEINE Gewissheit gegen alle deine Zweifel tauschen, wenn du zustimmst, dass ER eins mit dir ist und dieses Einssein endlos, zeitlos und in deiner Reichweite ist, weil deine Hände SEINE sind. ER ist in dir, doch geht ER neben dir und vor dir her und auf dem Weg voran, auf dem ER gehen muss, um SICH als vollständig zu finden. SEINE Ruhe wird zu deiner Gewissheit. Und wo ist der Zweifel, wenn die Gewissheit gekommen ist." (T-24.V.9)

Während er im Verlauf des Kurses ähnliche Bezüge zum Christus in uns herstellt, wird er vielleicht am Ende des Handbuchs für Lehrer am deutlichsten:

> „Es bedarf keiner Hilfe, um in den HIMMEL einzugehen, denn du hast ihn nie verlassen. Aber Hilfe ist notwendig jenseits

deiner selbst, weil du durch falsche Überzeugungen hinsichtlich deiner IDENTITÄT, DIE GOTT allein in der Wirklichkeit begründete, eingegrenzt bist." (B-5.1)

(..) „Der Name Jesu ist der Name von einem, der ein Mensch war, jedoch das Antlitz CHRISTI in allen seinen Brüdern sah und sich an GOTT erinnerte. So wurde er mit CHRISTUS eins – nicht länger ein Mensch, sondern eins mit GOTT." (B-5.2)

(..) „Ist er der CHRISTUS? O ja, mit dir gemeinsam. Sein kleines Leben auf der Erde war nicht genug, um die mächtige Lektion zu lehren, die er für euch alle lernte. Er wird bei dir bleiben, um dich aus der Hölle, die du gemacht hast, zu GOTT zu führen. Und wenn du deinen Willen mit seinem verbindest, wird deine Sicht seine Schau sein, denn die Augen CHRISTI werden miteinander geteilt. Mit ihm zu gehen, ist ebenso natürlich, wie mit einem Bruder zu gehen, den du kanntest, seit du geboren wurdest, denn ein solcher ist er fürwahr." (B-2.5)

Das Erste und das Zweite Kommen

Was ist das Erste und Zweite Kommen Christi (Die Ankunft und die Wiederkunft Christi)? Die konventionelle Meinung sagt, dass das erste Kommen das Leben des historischen Jesus als des einzigen Sohnes Gottes war. Sie sagt auch, dass das zweite Kommen ein physisches und spirituelles Ereignis sein wird, das nach Matthäus bedrohlich erscheint. Wie in Kapitel 5 dargestellt, kommentiert und erweitert der Kurs manchmal das Alte Testament (Hebräische Bibel) und das Neue Testament wänt auf verschiedene Weise. Dazu gehören:

1)   Das Re-Interpretieren der Bibel, wodurch ein klareres Verständnis der Intention des Gesagten gegeben wird.

2)   Das Aufzeigen einer separaten und unterschiedlichen Erklärung dessen, was die Absicht Gottes, eines Propheten oder Jesu war. Im Folgenden verwendet er beide Arten der Erweiterung:

„Die ANKUNFT CHRISTI ist lediglich ein anderer Name für die Schöpfung, denn CHRISTUS ist der SOHN GOTTES. Die WIEDERKUNFT CHRISTI bedeutet nichts anderes als das Ende der Herrschaft des Ego und die Heilung des Geistes. Ich wurde in der ANKUNFT CHRISTI so wie du erschaffen und ich habe dich gerufen, dich mir in der WIEDERKUNFT anzuschließen. Mir obliegt die WIEDERKUNFT und mein Urteil, das nur zum Schutz verwendet wird, kann nicht falsch sein, weil es niemals angreift. Das deine mag derart verzerrt sein, dass du glaubst, ich hätte mich geirrt, als ich dich wählte. Ich versichere dir, dass das ein Irrtum deines Ego ist. Verwechsle ihn nicht mit Demut. Dein Ego versucht, dich zu überzeugen, dass es wirklich ist und ich es nicht bin, denn wenn ich wirklich bin, bin ich nicht wirklicher als du. Diese Erkenntnis - und ich versichere dir, dass es Erkenntnis *ist* - bedeutet, dass CHRISTUS in deinen Geist eingekehrt ist und ihn geheilt hat." (T-4.IV.10)

Ein Schlüssel ist hier: „Ich wurde in der ANKUNFT CHRISTI so wie du erschaffen, und ich habe dich gerufen, dich mir in der WIEDERKUNFT anzuschließen." Diese Aussage und andere im Kurs implizieren, dass Jesus Christus unser älterer Bruder war und ist, und sich nicht von uns unterscheidet, abgesehen von der Tatsache, dass er früher erwachte als wir und sein Gewahrsein des Geistes jenseits von dem entwickelt hat, wie wir es taten. Seine Erfahrung und Evolution haben ihm die Weisheit und das Wissen gegeben, den Kurs für uns zu schreiben. Er sagt, da er unser Lehrer ist und älterer Bruder, sollen wir ihn respektieren, aber nicht in Ehrfurcht vor ihm sein. Ehrfurcht sollte für Gott reserviert sein.

Erstes Kommen

Gott erschuf Jesus und alle von uns, d.h. die Sohnschaft

Zweites Kommen

Ende der Herrschaft des Egos und die Heilung des Geistes

Den Christus in anderen sehen

Wie schwer ist es für uns, das Antlitz Christi in anderen zu sehen? Braucht es Übung? Der Kurs sagt, dass der Christus in jedem von uns nicht im Körper gefunden wird.

„Der CHRISTUS in dir wohnt nicht in einem Körper. Dennoch ist ER in dir. Und deshalb muss es so sein, dass du nicht in einem Körper bist." (T-25.Einl.1)

„Und du musst deinen Bruder so sehen wie dich selbst. In seinen Körper eingerahmt wirst du deine Sündhaftigkeit sehen, in welcher du verurteilt dastehst. In seine Heiligkeit gefasst, verkündet der CHRISTUS in ihm, dass ER du ist." (T-25.I.2)

„Niemand, der CHRISTUS in sich trägt, kann umhin, IHN überall wiederzuerkennen." (T-25.Einl.2)

Es scheint Zeit zu brauchen, damit wir Christus in anderen und in uns selbst sehen. Das Studieren des Kurses kann uns in dieser Hinsicht helfen, da er uns dabei assistiert, Gott zu wählen und dadurch Wunder auszuüben sowie Vergebung / das Loslassen des Egos.

Im nächsten Kapitel werden wir auch sehen, dass der Christus sogar mehr ist: Gottes einer Sohn als vereinter Verstand und Geist. Der Christus ist auch unser Geist, Seele und Wahres Selbst – all diese Dinge können synonym miteinander verwendet werden. Wie definiert der Kurs diese und andere verwandte Begriffe, die Teil von uns sind? Ich werde diese in Kapitel 13 umreißen.

Der Geist

Kapitel 13
Der Geist

*„Der Begriff Geist (mind) wird benutzt, um die aktivierende Kraft
des Reinen Geistes (Spirit) darzustellen." (B-1.1)*

Ich habe bereits in einigen Büchern aus einer Entwicklungsperspektive über den Heilungsprozess geschrieben, die auch ein starkes Fundament in der Selbstpsychologie sowie der Objekt-Beziehungs-Theorie und -Praxis haben.[3] In jedem von ihnen spreche ich aus verschiedenen Perspektiven über ein zentrales Thema: das Wahre oder Wirkliche Selbst, das von dieser unruhigen Welt und in seiner häufig dysfunktionalen Familie so überfordert, verletzt und traumatisiert wird, dass es in seinem Überlebenskampf oft tief in einem unbewussten Teil der Psyche „in Deckung geht". Um das Leben der Person zu führen, tritt an diesem Punkt oft ein falsches Selbst zu Tage, obwohl es wahrscheinlich scheitern wird. Ein anderer Name für dieses falsche Selbst ist das Ego. Wapnick (1991) sagte: „Das Wort `Ego` wird im Kurs verwendet, um auf das falsche Selbst hinzudeuten, das gemacht wurde in Opposition zu und als ein Ersatz für das Selbst Christi, das Gott geschaffen hat und welches unsere wahre spirituelle Identität ist."

Im Gegensatz zu den nützlichen Qualitäten des Egos, als unser Assistent oder manchmal als Handlanger, wie es bei Lazaris in 1986 beschrieben wird, spricht der Kurs nahezu nur negative Aspekte des Egos an, da es das ist, was unsere Fähigkeit blockiert, Gott und Gottes Welt, Liebe und Frieden zu erkennen und zu erfahren.

In meinem Verständnis des Wahren Selbst, was ich auch das *Innere Kind* nenne, wird in der Terminologie des Kurses das Wahre Selbst mit dem Geist (mind) gleichgesetzt, da er sich erfahrungsgemäß mit Gott

---

3 Diese Bücher umfassen: Das innere Kind heilen; auf englisch erschienen: A gift to Myself, Co-dependence: Healing the Human Condition, Boundaries in Relationships, Memory and Abuse, The Truth about Depression, and The Truth about Mental Illness

verbindet durch den Reinen Geist (Spirit), dem er innewohnt, was der Kurs rechtgesinnter Geist nennt.

Selbst-psychologie	Nahekommende Begriffe im Kurs		Auch in uns selbst
Wahres Selbst	Rechtgesinnter Geist ↕ Wunder	Geist (aktiv; wählt Gott) Geist (Spirit) (real; Seele; kreativ) Bewusstsein (rezeptiv)	Gott Heiliger Geist Christus
Falsches Selbst	Falschgesinnter Geist	Geist wählt Ego und / oder wählt nicht Gott	Ego „Teufel"

Tabelle 10
Ähnlichkeiten von Begriffen in der
Selbstpsychologie und EKIW

Der Geist und das Innere Leben

Ein großer und grundlegender Teil unseres Wahren Selbst ist unser reiches Inneres Leben, was der Kurs berührt, wenn er verschiedene Aspekte des Geistes beschreibt. Einige dieser Aspekte beinhalten: *Bewusstsein, Geist, Erfahrung, Entscheidung, Wahl, Lernen, Kommunikation und Freiheit* – um einige zu nennen. Im Verlauf seiner drei Bände diskutiert der Kurs verschiedene Facetten von ihnen. Um einen Anfang zu machen, um diese Begriffe besser zu verstehen, fand ich den Abschnitt der „Begriffsbestimmungen" am Ende des Handbuchs für Lehrer hilfreich. Hier definiert er einige dieser Begriffe auf eine lineare Weise, sodass wir mit der Forschung beginnen können. Zum Beispiel sagt er zur Definition von Geist[4]:

> „Der Begriff Geist [mind] wird benutzt, um die aktivierende Kraft des Reinen Geistes [Spirit] darzustellen, die dessen schöpferische Energie liefert. Wenn der Begriff in Kapitälchenschrift verwendet wird, bezieht er sich auf GOTT oder CHRISTUS (zum Beispiel der GEIST GOTTES oder der GEIST CHRISTI). Der reine Geist ist der GEDANKE GOTTES, den ER wie SICH SELBST schuf. Der geeinte Geist ist der eine SOHN GOTTES oder CHRISTUS."
>
> (B-1.1)

> „In dieser Welt scheinen die SÖHNE GOTTES getrennt zu sein, weil der Geist gespalten ist. Auch scheint es so, als wären ihre Geister nicht verbunden. In diesem illusionären Zustand scheint das Konzept eines individuellen Geistes bedeutungsvoll zu sein. Er wird deshalb im Kurs so beschrieben, als ob er zwei Teile hätte – den Reinen Geist und das Ego." (B-1.2)

Einige Aspekte des Geistes:	• Bewusstsein • Geist • Entscheidungstreffer	• Lernen • Kommunikation • Freiheit

---

4 Anm. d. Übers.: Die beiden unterschiedlichen englischen Begriffe `mind` und `Spirit` werden im Deutschen meist mit demselben Wort übersetzt (Geist). Um die unterschiedliche Bedeutung herauszustellen, werden diese Begriffe in diesem Buch, so wie im Kurs auch, mit `Geist` und `Reiner Geist` übersetzt. Das zweite Zitat auf dieser Seite lässt jedoch schon andeuten, dass es in Wahrheit nur einen Geist gibt.

Geist

Tabelle 10 (weiter oben) und seine drei folgenden Paragraphen geben uns eine Einführung, wie zentral unser Geist in der Erfahrung unseres alltäglichen Lebens ist, da ein großer Teil unseres Geistes (mind) Reiner Geist (Spirit) ist. Gottes Geist ist in jedem von uns. Der Kurs fährt fort und sagt, dass unser Reiner Geist immer mit Gott in Verbindung ist:

> „Der Reine Geist ist der Teil, der noch immer in Kontakt mit GOTT ist durch den HEILIGEN GEIST, DER in diesem Teil [d.h. Geist (mind)] weilt, aber den anderen Teil [d.h. andere Komponenten des Geistes] ebenfalls sieht. Der Begriff Seele wird, weil er überaus kontrovers ist, außer in wörtlichen biblischen Zitaten nicht verwendet. Er wäre jedoch gleichbedeutend mit dem reinen Geist, in dem Verständnis, dass sie, da sie von GOTT ist, ewig ist und nie geboren wurde."

(B-1.3)

Ich werde den Reinen Geist (Spirit) im nächsten Kapitel eingehender beschreiben.

Rechtgesinnter und Falschgesinnter Geist

Wie ich in vorherigen Kapiteln erwähnte, ist unser Geist (mind) ein zweischneidiges Schwert. Er kann mit Gott gehen oder mit dem Ego, und kann daher richtig oder falsch sein. Der Kurs sagt:

> „Der Geist kann recht- oder falschgesinnt sein, je nachdem, auf welche Stimme er hört. Die **Rechtgesinntheit** hört auf den HEILIGEN GEIST, vergibt der Welt und sieht an ihrer Stelle die wirkliche Welt durch CHRISTI Schau. Das ist die letzte Schau, die letzte Wahrnehmung, der Zustand, in dem GOTT den letzten Schritt SELBST tut. Hier enden Zeit und Illusionen gemeinsam."
> (B-1.5)

„Die **Falschgesinntheit** hört auf das Ego und macht Illusionen, indem sie Sünde wahrnimmt, Ärger rechtfertigt und Schuld, Krankheit und Tod als wirklich sieht. Sowohl diese Welt als auch die wirkliche Welt sind Illusionen, weil die **Rechtgesinntheit** lediglich das übersieht oder vergibt, was nie geschah. Deswegen ist sie nicht die **Einsgesinntheit** des CHRISTUS-GEISTES, DESSEN WILLE eins mit GOTTES WILLEN ist." (B-1.6)

In den Tabellen 11 und 12 liste ich verschiedene Merkmale dieser beiden Geisteshaltungen aus dem Kurs auf. Der Geist ist der entscheidende Teil in uns, in dem wir Wahl und Verhalten initiieren. Ich sehe den Kurs als einen anspruchsvollen und potenziell effektiven, intellektuellen und erfahrungsbasierten Trainingsprozess für unseren Geist an. Durch das Lesen und Studieren können wir lernen, Wunder, Vergebung, Gottes Liebe und Frieden zu initiieren, und dies zu differenzieren von der schmerzhaften Erfahrung von Angst, Schuld und Scham aus der illusionären Welt des Egos.

Bewusstsein

Der Abschnitt der Begriffsbestimmungen des Kurses beschreibt einen finalen Teil oder Aspekt des Geistes: *Bewusstsein*. Er sagt, dass das Bewusstsein der rezeptive Mechanismus ist, der Botschaften vom Heiligen Geist oder vom Ego empfängt. Er fährt fort:

„Das Bewusstsein hat Ebenen, und das Gewahrsein kann ziemlich drastisch wechseln, aber es kann den Wahrnehmungsbereich nicht transzendieren. Höchstenfalls wird es der wirklichen Welt gewahr, und es kann darin geschult werden, dies immer mehr zu tun." (B-1.7)

Das aktivierende Mittel des Reinen GEISTES (Spirit)	Kreativ & kraftvoll
Der Teil des Geistes (mind) der in Kontakt ist mit Gott durch den Heiligen Geist	Kommuniziert, enthält liebende Gedanken
Verbindet uns mit Gott	Mittel, mit dem wir unseren eigenen Zustand bestimmen können
Kann lernen, wodurch wir uns verändern können	Will seine richtige Funktion erkennen
Der Mechanismus der Entscheidung; kann bewerten und entscheiden, was wir geben und empfangen	Wenn er dem GEIST (Spirit) dient, ist er unverletzlich und kann nicht verunreinigt werden
Frei. Erschafft Realität wenn er die Versöhnung akzeptiert	Kann den Körper heilen
Geheilt strahlt er Gesundheit & Heilung aus	Der unschuldige Geist hat alles, kann nicht projizieren und strebt nur danach, seine Integrität und Ganzheit zu schützen
Kann die reine Freude der Offenbarung erleben	Schläft nie

Wird durch Wunder wieder zur Vollständigkeit hergestellt **Ist real. Seele** **Frieden**	**Wenn er ruhig ist, erinnert er Gott** **Mit unseren Brüdern und Schwestern wohnen wir alle im GEISTE Gottes**

Tabelle 11
Einige Merkmale des rechtgesinnten Geistes aus EKIW

Bewusstsein initiiert weder **Wunder (die uns direkt mit uns selbst, andern und Gott vereinen)** noch die **Offenbarung (die uns direkt mit Gott vereint)**, diese bedeutsamen Zusammenhänge werden jedoch im Bewusstsein *erfahren*. Bewusstsein mag Handlungen veranlassen, inspiriert sie aber nicht. Christus inspiriert Wunder und der Heilige Geist bringt und inspiriert Offenbarung, was eine stark persönliche, erfahrungsbezogene Einheit und ein bewusster Kontakt mit Gott ist.
In Kapitel 3 des Textbuches lesen wir im Kurs:

„Das Bewusstsein – die Ebene der Wahrnehmung – war die erste Spaltung, die nach der Trennung in den Geist eingeführt wurde, was den Geist zu einem Wahrnehmenden anstatt zu einem Schöpfer machte. Das Bewusstsein wird zutreffend als Domäne des Ego bezeichnet. Das Ego ist ein falschgesinnter Versuch, dich so wahrzunehmen, wie du sein möchtest, statt wie du bist. Doch kannst du dich nur so erkennen, wie du bist, weil das das Einzige ist, dessen du gewiss sein kannst. Alles andere *ist* fraglich." (T-3.IV.2)

<table>
<tr>
<td>Identifiziert sich mit dem Ego, dem Körper und der Trennung</td>
<td>Fühlt Schmerz, speziell Angst, Schuld und Scham</td>
</tr>
<tr>
<td>Wenn er dies tut, kann er sich täuschen und irren und macht somit Illusionen, dadurch, dass er an sie glaubt</td>
<td>Kommentare dazu:

Keine der Irrtümer unseres Geistes bedeuten irgendetwas, da sie nicht existieren.</td>
</tr>
<tr>
<td>Verwirrt

Bestimmt seine Wahrnehmungen und projiziert sie</td>
<td>Der Heilige Geist lässt unseren Geist seine Fehlwahrnehmungen re-interpretieren.

Wir können lernen, unser Denken über unseren Geist zu verändern.</td>
</tr>
<tr>
<td>Projiziert eigenen Konflikt und Schmerz, aber indem er dies tut, wird er diese nicht verlieren</td>
<td>Wir haben immer die Macht, unser Denken zu ändern.</td>
</tr>
</table>

Tabelle 12
Einige Merkmale des Falschgesinnten Geistes aus EKIW

„Gott ist das Licht, in dem ich sehe.

Gott ist der Geist, mit dem ich denke.

Gott ist die Liebe, in der ich vergebe.

Gott vergibt nicht, weil Er nie verurteilt hat."

Ein Kurs in Wundern (Ü-44-46)

Im Reinen GEIST

Kapitel 14
Im Reinen Geist

„Im richtigen Sinne SELBSTzentriert sein, heißt inspiriert
oder im Reinen Geist sein". (T-4.Einl.1)

Wenn wir Gott wählen anstelle des Egos, wird unser Geist augenblicklich *rechtgesinnt, inspiriert* und wir fühlen *Frieden.* Wir fühlen uns realer. Das daraus resultierende Wunder ist auch die Erfahrung, dass wir diesen Prozess selbst in Gang gesetzt haben. Wir setzen ihn in Gang durch das Wählen Gottes. Alles, was danach kommt, ist eine Fortsetzung und ein Echo des Wunders. Das Wunder setzt sich fort als Katalysator oder Auslöser, um unseren Geist für Gott zu öffnen, durch den Hauptbestandteil unseres Geistes (mind), genannt der Reine GEIST (Spirit), den ich als Teil des „großen kosmischen Ganzen" betrachte. Dies geschieht tatsächlich von Moment zu Moment im Innenleben eines jeden von uns, wie es in Abbildung 2 dargestellt ist. Dieses Bild ist ein Vorschlag für eine graphische Darstellung des Zusammenhangs einiger Schlüsselbegriffe des Kurses, die in seinem Verlauf beschrieben werden. Es ist jedoch nur eine Karte und die Karte ist nicht das Gebiet. Dennoch können Karten nützlich sein.

Das Bild zeigt Gott und einige wichtige Komponenten von Gottes Welt, gemäß meinem Verständnis des Kurses. Gott erschuf das, was der Autor des Kurses die Sohnschaft nennt (d.h. die Sohn / Tochterschaft), was alle von uns als Kinder Gottes ausmacht. In diesem Diagramm repräsentiert der Kreis zwei individuelle Kinder Gottes in Beziehung miteinander und mit Gott. Durch Gottes bedingungslos liebende, heilende und schöpferische Energie, dem Heiligen Geist, können wir, die wir in dieser Welt leben, erfahrbar mit Gott kommunizieren. Dies ist ein Prozess, den das Zwölf-Schritte-Programm „bewussten Kontakt" nennt.

Reiner GEIST
(fortgesetzt von Kapitel 13)

Jeder von uns ist ein einzigartiges und bedeutsames Kind (und somit ein Teil) Gottes. Der Kurs sagt:

> „Du bist in GOTTES GEIST ganz und gar unersetzlich. Kein anderer kann deinen Teil darin ausfüllen und solange du deinen Teil davon unbesetzt lässt, wartet dein ewiger Platz einfach auf deine Rückkehr." (T-9.VIII.10)

Als ein Kind Gottes hat jeder von uns einen Geist, der kraftvoll und schöpferisch ist und zwei Teile hat: Geist und Bewusstsein (Schaubild 2 auf der nächsten Seite). Unser Reiner Geist (Spirit), den der Kurs auch unser Selbst nennt, ist eine Ausdehnung von Gott und von Gottes Heiligem Geist, durch den er in vollständiger und direkter Kommunikation mit Gott steht, wie es weiter unten in Tabelle 13 gezeigt wird. Er kann daher jetzt zu jeder beliebigen Zeit mit Gott co-kreieren durch Gebet, Meditation und Gott-Kontemplation.

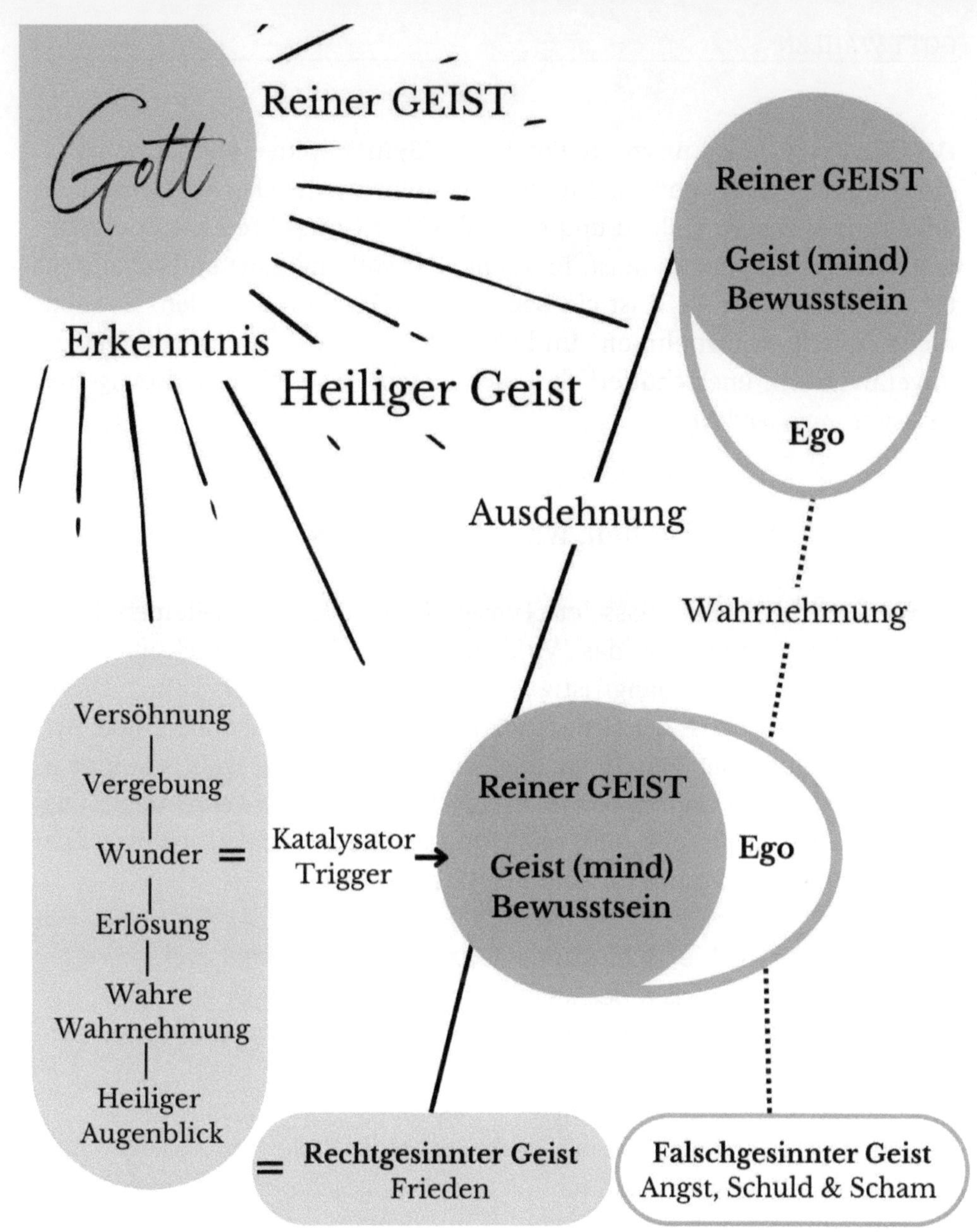

Schaubild 2

Eine Darstellung der Wechselbeziehung einiger Begriffe aus EKIW

Der Kurs sagt, dass unser Reiner Geist (Spirit) weder konfliktbehaftet noch angreifend ist, und unfähig ist, Dunkelheit jedweder Art zu kennen oder zu projizieren. Teilend und gebend will er Gottes Wesen ausdehnen, was seine einzige Funktion ist. Er kennt Gott voll und ganz und scheint in Gottes Geist. Unser Geist ist ein bedeutsamer Teil von uns allen. Er kann nicht falsch wahrnehmen und braucht nicht zu lernen. Da er unveränderlich, unerschütterlich, vollkommen, unsterblich und ewig frei ist, ist er *unverletzlich*.

Wir vergeben, was niemals passiert ist

„Unverletzlich" heißt, dass er (unser Kern oder Geist-Reiner-Geist-Bewusstsein, was manche das Wirkliche/Wahre Selbst und ich auch das Innere Kind nenne) langfristig nicht verletzt werden kann. Diese spirituelle Tatsache ist der Grund, warum wir es wählen können, jede Art von Verletzung oder Falschheit, die wir erfahren oder wahrgenommen haben, loszulassen und zu vergeben. Als Teil von seiner Lehre zeigte uns Christus diese Tatsache als seine Auferstehung. Im Abschnitt „Die Botschaft der Kreuzigung" in Kapitel 6 lesen wir Kurs:

> „Ich habe mich entschlossen aufzuzeigen – um deinet- und um meinetwillen –, dass der ungeheuerlichste Angriff, wie das Ego ihn beurteilt, keine Rolle spielt. Wie die Welt diese Dinge beurteilt – nicht aber wie GOTT sie kennt –, wurde ich verraten, verlassen, geschlagen, geschunden und schließlich getötet. Es war klar, dass dies nur wegen der Projektion anderer auf mich geschah, da ich niemandem geschadet und viele geheilt hatte." (T-6.I.9)

> „Du wirst nicht verfolgt, ebenso wenig wie ich es wurde. Es wird nicht von dir verlangt, meine Erfahrungen zu wiederholen, weil der HEILIGE GEIST, DEN wir miteinander teilen, dies überflüssig macht." (T-6.I.11)

„Die Kreuzigung lässt sich nicht miteinander teilen, weil sie das Symbol der Projektion ist, die Auferstehung aber ist das Symbol des Miteinanderteilens, weil das Wiedererwachen jedes SOHNES GOTTES notwendig ist, damit die SOHNSCHAFT ihre Ganzheit erkennen kann. Nur das ist Erkenntnis." (T-6.I.12)

Die Kreuzigung war ein Extrembeispiel, mit dem Christus, der hier gelebt hat als Jesus von Nazareth, uns lehrte, dass auch wir unverletzlich sind und somit keine Angst vor irgendeiner Form von Verletzung durch irgendwen oder irgendwas haben müssen. Wir müssen auch nicht das Gift des Ärgers und der Verbitterung in uns tragen, das uns selbst schadet, wenn jemand uns gegenüber Ärger äußert oder wenn wir wütend auf jemanden sind (vielleicht durch eine falsche Projektion unseres Egos) und dadurch Verbitterung in uns ansammeln.

In beiden Fällen – in der Angst, im Groll oder in irgendeiner anderen Form der Anspannung – können wir uns für Gott entscheiden, mit dem Ergebnis des Loslassens unserer Anhaftungen oder der Vergebung, der Erlösung, der Wahren Wahrnehmung und der Versöhnung, was auch ein Wunder ist.

Der daraus resultierende Frieden wird auch widerspiegeln, dass wir uns jetzt im Heiligen Augenblick erleben, wie es im links-unteren Teil in Schaubild 2 gezeigt wird.

Niemals in Konflikt oder angreifend

Unfähig zur Dunkelheit

Teilend und gebend

Mit-schöpfend mit Gott

Will Gottes Wesen ausdehnen,
was seine einzige Funktion ist

In vollständiger und direkter Kommunikation
mit Gott und der Schöpfung

Kennt Gott voll und ganz

Kann nicht wahrnehmen und braucht nicht zu lernen

Strahlt in Gottes Geist

Unveränderlich, unerschütterlich, vollkommen,
unsterblich und ewiglich frei

Tabelle 13
Einige Merkmale des Reinen Geistes aus EKIW

Zur gleichen Zeit ist das Wunder ein Katalysator, der unsere Erfahrung des Wahren Selbst als Geist – Reiner Geist – Bewusstsein auslöst (engl. mind-spirit-consciousness), was inspiriert wird durch das Erinnern seiner spürbaren inneren Verbindung mit Gott. So setzt unser Geist, der unser

Entscheider ist, durch die Wahl Gottes, des Heiligen Geistes oder Christi den positiven Kreislauf der Erfahrung in Gang:

im Reinen Geist ➡ **Wunder** ➡ **im Reinen Geist**

Durch das Wählen Gottes anstelle des Egos, führt Gottes Geist uns sanft zurück zu dem, was ich Wirkliches Selbst oder Inneres Kind nenne (was der Kurs *Kind Gottes* nennt, das unser Geist – Reiner Geist – Bewusstsein *ist*).

Bewusstsein
(fortgesetzt von Kapitel 12)

Unser Bewusstsein ist, wie der Kurs sagt, der empfänglichere Teil unseres Geistes. Es kann entweder Gottes bedingungslose Liebe oder des Egos Verwirrung und Schmerz empfangen. Unser Geist ist ein aktiver Teil von uns, der Gott wählt oder auch nicht. Wenn wir nicht in Frieden sind, wird die Entscheidung und die Wahl für Gott von unserem Geist getroffen, weshalb unser Geist so kraftvoll und kreativ ist. Durch das Wählen von Gott aktiviert unser Geist somit das Wunder und das Wunder öffnet uns dann für das Erfahren unseres Reinen Geistes und Gott.

„*Die Schuldlosen können nicht beschuldigen und diejenigen, die ihre Unschuld angenommen haben, erblicken nichts, was zu vergeben wäre. Doch die Vergebung ist das Mittel, durch das ich meine Unschuld wiedererkennen werde. Sie ist das Spiegelbild der LIEBE GOTTES auf Erden.*"

Ein Kurs in Wundern (Ü-60.1)

Wahrnehmung und Erkenntnis

Kapitel 15
Wahrnehmung und Erkenntnis

Wunder ist einer der Begriffe, die im Kurs verwendet werden, wie auch Vergebung, Erlösung und Wahre Wahrnehmung, was in Schaubild 2 im vorherigen Kapitel gezeigt wird. Gewöhnliche oder falsche Wahrnehmung ist das, was wir durch unser Ego tun, und Wahrnehmung ist nicht Erkenntnis / Wissen (engl. Knowledge). Wir sehen, hören, nehmen wahr, analysieren und verstehen andere und die Welt durch unsere gewöhnliche Wahrnehmung (oder Ego), was nicht Erkenntnis oder Wahrheit ist, und dadurch verpassen wir, was wir durch die Schau Christi sehen könnten, was der Kurs auch *Wahre* Wahrnehmung nennt. Ich liste andere Begriffe für diese gegensätzlichen Arten der Wahrnehmung in Tabelle 14 weiter unten auf.

Wahrnehmung

Wahrnehmung resultiert aus der Ego-Anhaftung (eine alte buddhistische Beobachtung) und aus Projektion. Was wir als falsch, konfliktbeladen oder mangelhaft empfinden, projizieren wir aus unserem Inneren auf andere (Menschen, Orte und Dinge – in der Zwölf-Schritte-Weisheit) außerhalb von uns. Was wir projizieren, hören und sehen wir dann als unsere normale Wahrnehmung, die der Kurs falsche Wahrnehmung nennt. Er verwendet auch ähnliche Begriffe, darunter verzerrte, bedeutungslose oder verkehrte Wahrnehmung. All diese Arten der Wahrnehmung stehen im Verhältnis zu unserem individuellen Bewusstsein (wie in Schaubild 2 im vorherigen Kapitel gezeigt). Der Kurs sagt:

„Das Bewusstsein – die Ebene der Wahrnehmung – war die erste Spaltung, die nach der Trennung in den Geist eingeführt wurde, was den Geist zu einem Wahrnehmenden anstatt zu einem Schöpfer machte. Das Bewusstsein wird zutreffend als Domäne des Ego bezeichnet." (T-3.IV.2)

Aber wenn wir nicht Gott wählen oder wenn wir das Ego wählen, können wir durch diesen dysfunktionalen Aspekt unseres Geistes, den der Kurs auch falschgesinnten Geist nennt, nicht sehen und hören, d.h. korrekt wahrnehmen. Die Art, auf die wir zum jetzigen Zeitpunkt möglichst korrekt sehen und hören können, ist unser *rechtgesinnter* Geist, wenn wir Gott wählen, was die Wahre Wahrnehmung ist. Diese Art wird auch korrekte, gesunde, vollkommene oder erlöste Wahrnehmung genannt, was der Kurs oft **Unschuld** nennt (auf was sich die romantischen Poeten wie William Blake oft bezogen), **der glückliche Traum** oder **die Schau Christi**. Wahre Wahrnehmung ist geführt durch den Heiligen Geist, und obgleich es noch eine Form der Wahrnehmung ist, ist es unser Weg zur **Einsgesinntheit** Gottes und Christi, wovon der Kurs sagt, dass sie zum Wissen Gottes gehört.

Wahr-nehmung	*Gleichbedeutend mit*	*Mechanismus*	*Andere Beschreibungen*
Falsch	Falschgesinnter Geist	Stammt vom Ego und ist Projektion, macht Angst	Verzerrt, bedeutungslos, falsch, selektiv, Fehlwahrnehmung
Wahr	Rechtgesinnter Geist	Geführt vom Heiligen Geist, Weg zu Erkenntnis und Freude	Korrekt, akkurat, vollkommen. Richtig, gesund, erlöst, glücklicher Traum, Unschuld, Schau Christi
Keine Wahr-nehmung benötigt	Einsgesinntheit (Gottes GEIST)	Wissen, Erkenntnis Gottes letzter Schritt „Ich brauche nichts zu tun."	Wirklichkeit, Gott und Gottes Welt, Einsgesinntheit, Himmel, Erwachen

Tabelle 14
Begriffe für Wahre und Falsche Wahrnehmung
im Vergleich zu Gottes Einem GEIST

Ein Geist

Den Geist Gottes und Christi zu erreichen und zu realisieren, ist *nicht unsere Aufgabe*. Alles, was wir tun müssen, ist, Versöhnung für uns anzunehmen, was wir tun, indem wir die Nicht-Realität von Sünde, Schuld / Scham und Tod akzeptieren und stattdessen Wunder erwarten, indem wir uns für Gott entscheiden. Dann wird Gott uns abholen für den Rest des Weges zu Gott und Gottes Geist, was Gottes letzter Schritt ist. Gottes Geist ist einer der abstraktesten und am wenigsten diskutierten Begriffe im Kurs, obgleich er Gottes Geist weit mehr behandelt als es die Bibel tut. Aus seiner Sichtweise auf den Kurs beschreibt Wapnick (1989) *Einsgesinntheit* als:

> „den Geist Gottes oder Christi, die Ausdehnung Gottes, was der vereinte Geist der Sohnschaft ist, der sowohl die Rechtgesinntheit als auch die Falschgesinntheit transzendiert; Einsgesinntheit exisitert nur auf der Ebene von Erkenntnis / Wissen. Die Einsgesinntheit Gottes und Christi ist die Welt des Himmels und der Erkenntnis: die Welt vor der Trennung aus Geist, Liebe, Wahrheit, Ewigkeit, Unendlichkeit und Wirklichkeit, wo das Einssein von Gottes Schöpfung – die Summe all seiner Gedanken – unversehrt ist. Es ist der natürliche Zustand direkter Kommunikation mit Gott und seiner Schöpfung, die existierte bevor der Geist von Gottes Sohn an Trennung dachte. In diesem Zustand ist die vollkommene Einheit der Trinität erhalten.“

Akzeptieren der Versöhnung ... unsere einzige Aufgabe

Realisieren der Nichtrealität von Sünde, Schuld / Scham & Tod

Wunder erfahren

Erkenntnis

Was ist die Erkenntnis (das Wissen[5]) Gottes? In Tabelle 15 liste ich einige Begriffe auf, die der Kurs dazu verwendet, sie zu beschreiben und in Kontrast zu setzen zu einigen Begriffen, die er benutzt um Wahrnehmung zu beschreiben. Nach seinen langen Studien des Kurses beschreibt Wapnick (1989) Wissen / Erkenntnis als:

„Himmel oder die Welt Gottes und seiner vereinten Schöpfung vor der Trennung, in welcher keine Differenzierungen oder Formen sind, und so schließt es die Welt der Wahrnehmung aus."

Die Verwendung dieser Begriffe transzendiert unseren konventionellen Gebrauch des Begriffs Erkenntnis durch das Reflektieren von

„...reiner Erfahrung ohne Subjekt-Objekt-Spaltung."

---

5 Anm. d. Übers.: In der deutschen Übersetzung des Kurses wird zumeist nur das Wort `Erkenntnis` für das englische Wort `Knowledge` verwendet. In diesem Buch werden für `Knowledge` beide möglichen Begriffe verwendet : Wissen sowie Erkenntnis.

Wissen / Erkenntnis	Wahrnehmung	Wissen / Erkenntnis	Wahrnehmung
Wahrheit	Illusion	Unbedingt	Selektiv
Frieden in Gott	Körper, Sünde, Schuld, Angst	Verständlich	Verwirrend
Gesetz der Liebe / Gottes	Gesetz des Egos / der Welt	Tatsächlich	Interpretativ
Unveränderlich	Veränderlich	Stabil	Unstabil
Ewig	Vorübergehend	Realität	Traum
Eindeutig	Mehrdeutig	Frieden	Konflikt
Kein Anfang / kein Ende	Anfänge & Enden	Einheit / Versöhnung	Glaube an Gegensätze
Zeitlos / Raumlos	Raum & Zeit	Heilige Beziehung	Besondere Beziehung
Gegeben	Gelernt	Überfluss	Mangel

Tabelle 15
**Einige Merkmale der Welt der Erkenntnis / des Wissens
und der Wahrnehmung in EKIW**

Gottes Wissen ist somit rein erfahrbares Wissen. In unserer Erfahrung als Menschen könnte eine der nächst gelegensten Erfahrungen die sein, ein natürliches Wissen von Gott zu haben, das Überzeugung, Glauben, Rechtschaffenheit oder ähnliches transzendiert. Als der spirituell orientierte Psychiater Carl G. Jung in einem BBC Interview gefragt wurde, ob er an Gott glaube, hielt Jung für einige Sekunden inne und entgegnete dann in seiner heute berühmten Antwort: „Nein. Nein. Ich weiß ... (von Gott)."

Da sie auf zwei unterschiedlichen Ebenen sind, können diese zwei Domänen – Erkenntnis und Wahrnehmung – sich nicht treffen. Nur eine Korrektur der Wahrnehmung ist möglich: Wahre Wahrnehmung, was das gleiche ist wie Vergebung („Loslassen und Gott lassen"), Wunder, Erlösung und Versöhnung. All dies sind heilende und vorübergehende Hilfsmittel, die uns auf unserer Reise nach Hause zur Seite stehen.

Der beste Weg, mehr über all diese Begriffe und ihre Beschreibungen zu erfahren, ist meiner Meinung nach, den Kurs zu lesen und zu studieren und seine Prinzipien zu praktizieren, von denen das grundlegendste ist, Gott zu wählen, wann immer wir irgendeine Art von Schmerz erfahren.

„Was sonst ist Heilung als die Beseitigung all dessen,
was der Erkenntnis im Wege steht?"

Ein Kurs in Wundern (T-11.V.2)

Die Welt anders sehen: Ausdehnung oder Projektion?

Kapitel 16
Die Welt anders sehen: Ausdehnung oder Projektion?

Die Ausdehnung von Gottes Liebe ist fundamental, unveränderlich und setzt sich ewiglich fort. Am Anfang des Kapitels 21 im Textbuch sagt der Kurs in seinen klassischen Worten:

„Wahrnehmung wird durch Projektion erzeugt. Die Welt, die du siehst, ist das, was du ihr gegeben hast, nicht mehr als das. Doch wenn sie auch nicht mehr als das ist, ist sie auch nicht weniger. Deswegen ist sie für dich wichtig. Sie ist das Zeugnis für den Zustand deines GEISTES, das äußerliche Bild eines inneren Zustands. Wie ein Mensch denkt, so nimmt er wahr. Suche deshalb nicht, die Welt zu ändern, sondern entscheide dich, dein Denken über die Welt zu ändern." (T-21.Einl.1)

Projektion erzeugt Wahrnehmung

Wie ich in den vorherigen Kapiteln (2, 9, 11 und 15) erwähnte, besagt der Kurs, dass jeder von uns dachte, wir hätten uns von Gott getrennt, was die Bibel metaphorisch „den Fall" nannte. Wir glaubten dann an diese Idee der Trennung und fühlten den Schmerz in unserer Erfahrung von Schuld und Scham (dass wir schlecht seien, weil wir Gott verlassen haben), gemischt mit Furcht (dass Gott uns für unser Schlecht-Sein bestrafen würde). Das Ego, das die Trennung in unserem Geist repräsentiert, erzählte uns, dass *es* uns retten könne. Zuerst sagte es, wir sollten das Gefühl von Schuld, Scham und Angst *leugnen,* und wenn dies nicht funktioniert, den Schmerz bei anderen *abladen* (projizieren), was der Kurs eine Art der besonderen Beziehung nennt.
Der Kurs beschreibt diese zwei Abwehrarten gegen Schmerz – Verleugnung und Projektion – als ungesunde Mittel, die das Ego

regelmäßig in unserem Leben hervorbringt und einsetzt. Dann versuchen wir, unseren Schmerz an Menschen, Orte und Dinge abzugeben, indem wir das, was in uns ist, in Form von besonderen Beziehungen auf die Welt projizieren. Wir sehen *sie* als schuldig und schändlich an und beschuldigen sie für unser Unglücklichsein. In der Annahme, dass sie unseren Schmerz verursachen, greifen wir sie an und projizieren unsere Wut auf sie. Kapitel 6 des Textbuches sagt:

„Projektion bedeutet Ärger, Ärger begünstigt Angriff, und Angriff fördert Angst." (T-6.I.3)

Wir dachten, andere wären hinter uns her und wollten uns sogar kreuzigen. Dadurch nehmen wir eine dunkle Welt wahr und all unser Sehen und Wahrnehmen geschieht unbewusst.

Ausdehnung erschafft Frieden und Liebe

So können wir verstehen, wie Projektion Wahrnehmung erzeugt und damit die Trennung von anderen und von Gott verstärkt, die wir zu erfahren glaubten. Aber wir haben eine andere Wahl. Jedes Mal wenn wir Gott anstelle des Egos und seiner Projektion / Wahrnehmung wählen, „sehen" wir metaphorisch klarer, d.h. mit Wahrer Wahrnehmung, die uns dann erlaubt, offen zu bleiben für des Heiligen Geistes Ausdehnung von Gottes Liebe, die ständig von Gott ausstrahlt – und von uns, weil wir ein Teil Gottes sind. Die Kreuzigung ist ein Symbol der Projektion, aber die Auferstehung, unser eigenes Erwachen zur Erfahrung Gottes und von Gottes Welt, ist das Symbol des Teilens (wie es in Tabelle 16 gezeigt wird), was auch ein Teil der Ausdehnung ist.

Begriff	*Symbol für*
Kreuzigung	Projektion
Auferstehung	Teilen
Ego	Trennung
Körper	Ego
Wirkliche Welt	Ende des unglücklichen Traumes
Versöhnung	Das Antlitz Christi schauen
Christus	Ende von Schuld und Scham

Tabelle 16
Einige Begriffe mit ihren zugeordneten Symbolen aus EKIW

Während das Ego Projektion machte, gab Gott uns die Möglichkeit der Ausdehnung, und was wir projizieren oder ausdehnen, ist real für uns. Was wir projizieren, glauben wir, aber was wir ausdehnen, ist real und ist auch das, was wir sind, d.h. ein Kind Gottes. Ausdehnung ist fundamental und ewiglich. Es ist der inneren Strahlung ähnlich, die Gott jedem von uns gab.

Der erste Absatz von Kapitel 2 des Textbuches besagt:

„Sich auszudehnen ist ein grundlegender Aspekt GOTTES, den ER SEINEM SOHN verlieh. In der Schöpfung dehnte GOTT SICH SELBST zu SEINEN Schöpfungen aus und erfüllte sie mit demselben liebevollen WILLEN, zu erschaffen. Du bist nicht nur voll und ganz erschaffen worden, sondern du bist auch vollkommen erschaffen worden. In dir ist keine Leere. Wegen deiner Ähnlichkeit mit deinem SCHÖPFER bist du schöpferisch. Kein Kind GOTTES kann diese Fähigkeit verlieren, weil sie dem inne wohnt, was es ist, aber es kann sie unangemessen anwenden, indem es projiziert. Die unangemessene Anwendung der Ausdehnung – oder die Projektion – geschieht, wenn du glaubst, dass in dir eine Leere oder ein Mangel existiert und dass du diese mit deinen eigenen Ideen statt mit Wahrheit ausfüllen kannst." (T-2.I.1)

Wir sind Mit-Schöpfer im Ausdehnen unserer bedingungslosen Liebe jedes Mal, wenn wir Gott und den Frieden eines Wunders wählen. Wir üben Ausdehnung, wenn wir in unserem rechtgesinnten Geist sind, wenn wir Gottes inneres Strahlen der Liebe widerspiegeln durch den Heiligen Geist, der in uns und außerhalb von uns ist, wie es in Tabelle 17 gezeigt wird. Wenn wir Gottes Liebe zu anderen, zu uns selbst und zurück zu Gott ausdehnen, fühlen wir und andere uns physisch, mental, emotional und spirituell besser. Wir alle können dadurch Frieden empfinden und psychospirituell wachsen. Könnte diese Erfahrung einen Bezug haben zu der Klarheit, die die Anonymen Alkoholiker und andere Zwölf-Schritte-Programme meinen, wenn sie von unserem Ausdehnen der Liebe zu anderen sprechen?

Warum bekommen wir durch unsere Wahrnehmung das zurück, was wir herausgeben durch Projektion? Auch wenn ich die Antwort nicht kenne, frage ich mich, ob die Antwort nicht darin liegen könnte, dass dies Gottes Weg ist, uns zu helfen, unseren Schmerz ans Licht Gottes zu bringen, den wir schließlich „heilen" können, indem wir ihn überstrahlen. Ich setze „heilen" hier in Anführungszeichen, denn dem Kurs nach sind wir bereits vollkommen, so wie wir sind.

Wenn wir projizieren, ist ein Hauptergebnis, dass wir aufhören, uns selbst anzugreifen, da wir unseren Schmerz vergrößern durch das Projizieren von ihm auf den „Bildschirm" von anderen, wo wir ihn dann genauer sehen und hören können. Wenn wir dies tun, leiden wir, da wir ihn zurück zu uns hineinnehmen, indem wir glauben, er sei real, und die Wut und der unnötige Schmerz, den wir fühlen, verletzt uns letztlich. Was wir also geben und glauben, bekommen wir zurück.

Merkmal	Projektion	Ausdehnung
Mechanismus	Des Egos fehlgeschlagener Versuch, Schuld / Scham und Angst loszuwerden	Gottes inneres Strahlen der Liebe durch den Heiligen Geist
Geist	Falschgesinnt	Rechtgesinnt
Bewusst	Nein	Ja
Fördert	Trennung (Falsche Wahrnehmung)	Einheit (Wahre Wahrnehmung)
Damit verbundene Gefühle	Schuld / Scham, Ärger, Angst	Liebe und Frieden
Ergebnis	Wir und andere fühlen uns schlechter	Wir und andere fühlen uns besser
Realität	Irreal, Illusion	Wirklich

Tabelle 17
Merkmale von Projektion und Ausdehnung in EKIW

Zwei Ebenen der Ausdehnung

Der Kurs spricht zwei Ebenen der Ausdehnung an. Ausdehnung auf *Ebene 2* bezieht sich auf Wahre Wahrnehmung. Hier wirkt unsere und Gottes Ausdehnung durch „die Ausdehnung des Heiligen Geistes oder Christi Schau in der Form von Vergebung oder Frieden. Ausdehnung ist „der Gebrauch des Gesetzes des Geistes durch den Heiligen Geist, im Gegensatz zur Projektion des Egos" (Wapnick 1989). Basierend auf meinem Verständnis des Kurses ist dies die Art von Ausdehnung, die ich oben beschrieben habe.

Es gibt jedoch noch eine weitere Art der Ausdehnung, eine, die vielleicht noch mehr Teil des Göttlichen Mysteriums ist. Vielleicht ist sie sogar ein bedeutsamer Teil. Diese Art bezieht sich auf Gottes Wissen / Erkenntnis und wird daher verbunden mit der Ausdehnung der *Ebene 1*. Hier umfasst Ausdehnung „den fortlaufenden Prozess der Schöpfung, in dem Geist aus sich selbst ausströmt." Aber dies im Detail zu besprechen, ist nicht Sinn und Zweck des Kurses, und diese Art von Ausdehnung ist auch nicht unser Job – es ist der von Gott. Unsere Aufgabe ist es, die Versöhnung für uns selbst zu akzeptieren, was wir schließlich tun, wenn wir Wundergesinntheit üben, jedes Mal wenn wir Gott wählen.

„*Lasse Vergebung den Ersatz für die Angst sein.*
Dies ist die einzige Regel für glückliche Träume."

Ein Kurs in Wundern (sinngemäß aus T-18.I.8)

Vergebung

Kapitel 17
Vergebung

Für mich war Vergebung die Idee des Kurses, die am Schwierigsten zu verstehen ist. Das kommt teilweise daher, dass sie in seinen drei Bänden auf eine so kreisförmige Weise diskutiert wird, dass es schwer ist, einen Abschnitt zu finden, der sie klar und verständlich definiert. Wie viele seiner Leser musste auch ich danach „graben" und immer wieder lesen, um mich auf die Stellen zu konzentrieren, an denen die Vergebung mehr als nur beiläufig erwähnt wird.

In meinem Verständnis gebraucht der Kurs den Begriff Vergebung nicht, um andere ihrer **Verantwortung für ihr Handeln oder Nicht-Handeln zu entheben**, oder **uns vor Trauma zu beschützen**. Stattdessen beschreibt er Vergebung als eine Funktion von Ebene 2, die uns hilft, uns selbst, andere und Gott besser kennenzulernen, wie es in Tabelle 18 gezeigt wird. Die Welt, der vergeben ist, wird somit zu unserem selbst erschaffenen Tor zum Himmel, wo wir uns schließlich selbst vergeben können und Gott erinnern, der dann den letzten Schritt tut in unserer Rückkehr zu Ihm.

Warum vergeben?

Wie der Kurs sagt, ist jeder von uns bereits vollkommen und kein Sünder. Warum ist es also dann nötig, dass wir vergeben oder uns vergeben wird? Während es viele Antworten auf diese Frage geben mag, sagt der Kurs: Jedes Mal, wenn wir vergeben (was Wahre Wahrnehmung und die Erfahrung eines Wunders bedeutet), heilen wir unseren Schmerz (Angst, Schuld und Scham) von unserer eingebildeten

Trennung von anderen und von Gott. Er sagt, dass Gott unsere selbstverschuldeten Angriffe und Wunden als Mittel eingesetzt hat, um den Unsegen (d.h. Schmerzen und Leid) in das Geschenk von Erlösung und Frieden zu transformieren. Wenn wir im Vergebungsprozess um Hilfe bitten, ist es der Heilige Geist, der die Transformation vollzieht. Aber in meiner Erfahrung müssen wir gewöhnlich mindestens zwei Dinge wissen, bevor wir um Hilfe für irgendeinen bestimmten Konflikt oder Schmerz bitten können. Wie ich es in den meisten meiner anderen Schriften beschrieben habe, ist es hilfreich, auf kognitiver und erfahrungsbasierter Ebene die Natur des Unsegens (Konflikt oder Schmerz) zu kennen, miteinbegriffen seinen *Namen* (d.h. den genauen Namen einer Verletzung oder eines erfahrenen Traumas) und seinen damit verbundenen Schmerz. Genesungsarbeit der Stufe Zwei wird uns gewöhnlich bei dieser Aufgabe helfen (gezeigt in Tabelle 5). Gloria Wapnick (1997) fasste dieses Prinzip klar zusammen: Du musst die harte Arbeit zuerst tun und dann bittest du um Hilfe."

Ebene 1 „Makro"	Vergebung ist unbekannt im Himmel, wo Frieden herrscht und Vergebung nicht benötigt wird. Obwohl nicht von Gott, ist es die beste Illusion, die uns von unseren Fehlern wegführt und zu Gott, wie es in Ebene 2 (unten) umrissen wird.
Ebene 2 „Mikro"	Der Prozess der Vergebung ist der Weg ... 1) des Korrigierens unser Fehler, 2) des Loslassens des Egos und des Schmerzes, 3) der schließlichen Vergebung für uns selbst, 4) der Erinnerung an Gott.

Tabelle 18: Vergebung gemäß der Ebenen

Neben dem Praktizieren des Kurses müssen wir wissen, wie wir Gott um Hilfe bitten können, durch die spirituelle Praxis, die uns am besten hilft. Jedes Mal, wenn wir Gott bitten, sei es durch Gebet oder auf andere Weise, werden wir in der Regel ein Wunder, Vergebung / das Loslassen erfahren.

Was wir schließlich durch die Vergebung lernen und erfahren, ist, dass wir als *vollkommenes Kind Gottes unverletzlich* und *ewig* sind. Wenn wir unverletzlich und ewig sind, dann hat das, was andere uns oder wir uns selbst antun, keinen bleibenden schmerzhaften, verletzenden oder schädlichen Effekt auf uns. Diese spirituelle Tatsache ist der Grund, warum wir anderen sicher vergeben können für das, was „nie geschehen ist", denn was Gott geschaffen hat (d.h. uns), ist bereits immer vollkommen und unveränderlich.

Vergebung ist also ein Prozess des Sehens, Verstehens und auf Erfahrung basierenden Wissens, dass ich in meinem *Geist-Reiner-Geist-Bewusstsein (mind-Spirit-consciousness)* unverletzlich bin, weshalb mich niemand in irgendeiner Weise verletzen kann.

Vergebung sieht und kennt keine Sünde. Sie lässt los. Sie ist still. Und tut ganz ruhig nichts. Sie beobachtet, wartet und urteilt nicht. Der Kurs sagt:

> „Tu also nichts und lass dir von der Vergebung zeigen, was du tun sollst, durch IHN, DER dein FÜHRER, dein ERLÖSER und BESCHÜTZER ist, stark in der Hoffnung und deines letztendlichen Erfolgs gewiss."
>
> (Ü-Teil II.1)

Der Kurs verbindet Wunder mit Vergebung so eng, dass sie im Wesentlichen dieselbe Erfahrung sind. Wenn wir Wunder ausüben, fühlen wir den Frieden der Vergebung und umgekehrt. Je mehr wir also Wunder wirken, desto leichter wird es, Konflikte und die damit verbundenen schmerzlichen Gefühle loszulassen, die in der natürlichen Entwicklung unserer Beziehungen zu uns selbst, zu anderen und zu Gott entstehen.

Merkmale der Vergebung

So wie andere spirituelle Begriffe und Erfahrungen hat Vergebung verschiedene Merkmale, die ich in Tabelle 19 aufliste. Vergebung ist ein gradueller und innerer Prozess, der in und von unserem Geist aus beginnt, jedes Mal wenn wir Gott wählen und dadurch Wunder co-kreieren. Sobald unser Geist (unser Entscheidungstreffer) sie initiiert und aktiviert, tut der Heilige Geist den Rest. Unserer Wahl für Gott verpflichtet, können wir uns zurücklehnen und uns entspannen. Vergebung ist ein sanfter Wandel, eine Veränderung und Transformation innerhalb einer konfliktbeladenen und schmerzhaften besonderen (unheiligen) Beziehung. Dieser Wandel findet normalerweise statt, wenn die Ziele und Erfahrungen dieser schmerzhaften Beziehung durch unseren Verstand und den Heiligen Geist in eine jetzt Heilige und friedliche Beziehung umgewandelt werden. Vergebung ist im Grunde ein erworbenes und gelerntes Loslassen unseres Egos und des damit verbundenen Schmerzes. Sie überbrückt die Kluft zwischen Wahrnehmung und Wahrheit und wird letztlich durch den Heiligen Geist vermittelt.

Tabelle 19
Einige Merkmale von Vergebung aus EKIW

Erworben, erlernt	Unsere einzig bedeutungsvolle Funktion und Verantwortung
Loslassen des Egos	Das Äquivalent der Welt zur Gerechtigkeit des Himmels
Verbinden in der Heiligen Beziehung	Basiert auf Kommunikation
Ähnlichkeit zu Wundern, Erlösung, Versöhnung und dem Heiligen Augenblick	Botschafter der Liebe, bringt Heilung
Ein stufenartiger Prozess, begonnen in unserem Geist und ausgeführt vom Heiligen Geist	Verlagert den Fokus von Verschiedenheit zu Gleichheit (Einheit, Einssein)
Die Funktion des Heiligen Geistes	Hilft uns dabei, die Wirkliche Welt zu sehen und zu erfahren

Der Heilige Geist lehrt Vergebung und nutzt sie, um zu heilen	Bereitwilligkeit, dass die Wahrheit wahr ist
Jenseits des Irrtums schauen	Antwort auf Angriff
Befreiung von der Illusion	Das Ende der Besonderheit
Heilung der Wahrnehmung von Trennung	Weg, Gott zu erinnern
Realisieren, dass es nichts zu vergeben gibt	Der Schüssel zum Glücklichsein
Bietet Wunder an	Temporär, nicht das Ende (Gott tut den Rest)
Führt den Heiligen Augenblick herbei	

Vergebung bringt somit Heilung. Diese Heilung geschieht primär innerhalb des Geistes und in der Erfahrung der individuellen Person oder Seele (Geist – Reiner Geist – Bewusstsein), die Gott und damit

Vergebung gewählt hat. Wie das Wunder macht die Vergebung unsere Anhaftung an das Ego und den Schmerz, den sie verursacht, rückgängig oder beseitigt sie. Dann überstrahlt und übersetzt es diese in die Wahrheit von Gottes Liebe und Frieden. Die Vergebung berichtigt die Schritte, die uns das Ego ursprünglich geleitet hat, und die wir unwissentlich so lange wiederholen, bis wir einen „besseren Weg" finden. Wunder und Vergebung sind somit ein Loslassen unserer Neigung zu Konflikt und dem Erfahren von Schmerz.

Die Wirkliche Welt von Gottes Liebe und Frieden war die ganze Zeit in uns. Als wir das Ego machten und wählten, verloren wir das Gewahrsein von Gottes Liebe und Frieden in uns. Durch das Wählen Gottes, wenn wir uns im Schmerz einer unserer Konflikte befinden, können wir nun unser Ego loslassen und wieder Frieden erfahren.

Die Wahl zwischen Gott und dem Ego ist nicht neu. Viele spirituelle Lehrer haben in den letzten 3000 Jahren oder mehr über dieses Phänomen geschrieben. Was der Kurs beigetragen hat und was neu und bereichernd ist, ist, dass wir mit dieser Wahl klarer, tiefer und verständlicher präsent sind, was sie einfacher und greifbarer macht, auf eine praktische und erfahrungsorientierte Weise. Die Botschaften des Kurses über Wunder und Vergebung sind zwei seiner nützlichsten Lehren.

*„Was könnte es in einer Welt, der ich vergeben habe
und die mir vergeben hat, zu fürchten geben?"*

Ein Kurs in Wundern (Ü-60.3)

Vergebung Teil II

Kapitel 18
Vergebung Teil II

Der Kurs sagt, Wunder sind natürliche Zeichen von Vergebung. Aber wie können wir diese Information in unseren Leben anwenden? Obwohl es manchmal schwierig ist, persönliche Erfahrungen in Worte zu fassen, möchte ich als Beispiel für einen Vergebungsprozess zusammenfassen, was ich erlebt habe, als ich mich einem langen Konflikt mit meinem leiblichen Vater stellen musste.

Meinem Vater vergeben

Es brauchte fast 40 Jahre meines Lebens, um zu realisieren, dass ich in einer dysfunktionalen Familie aufwuchs. Meine Eltern behandelten uns (mich, meine Schwester und meinen Bruder) schlecht und vernachlässigten uns. Nachdem ich das realisiert hatte, arbeitete ich an meiner eigenen Heilung und als Mediziner und Therapeut half ich anderen bei ihrer. In diesem ganzen Prozess lernte ich sehr viel.

Manchmal sprach ich mit meiner Mutter und teilte meine Einsichten und Gefühle über unsere mit Problemen belastete Familie und war angenehm überrascht, dass sie anerkannte, dass dies geschehen war. In Demut sagte sie, sie sei keine gute Mutter für uns gewesen und entschuldigte sich dafür. Wir sprachen eine Stunde lang über all das und danach ab und zu über die nächsten paar Jahre. Seitdem geht es mir viel besser.

Jedes Mal, wenn ich versuchte, mit meinem Vater darüber zu sprechen, wurde er zornig und wütete gegen mich. Als er das tat, waren die Gefühle, die ich hatte zumeist Angst, Scham, Verwirrung und Verletztsein. Schließlich wurde ich wütend und entschied, dass ich gesunde Grenzen ihm gegenüber brauchte, um mich vor weiterer Verletzung zu schützen. Ich begann es zu vermeiden, mit ihm zu reden oder in seiner Gegenwart zu sein. Letztendlich schrieb ich ihm einen Brief darüber, wie ich mich fühlte, was grundlegend eine Bitte an ihn war, ehrlich mit mir zu sein. Er wies es zurück und beschuldigte meine Mutter, aber sprach nie mit mir über den Brief. Er und ich blieben die meiste Zeit entfremdet voneinander und er starb vor 15 Jahren.

Kurz bevor er starb, erfuhr ich, dass er während der Ehe mit meiner Mutter für 25 Jahre lang in einer Affäre mit einer anderen Frau gewesen war, mit der er auch eine Tochter erzogen hatte. Zum Gipfel des Ganzen fand ich auch heraus, dass er sein gesamtes Vermögen über $220.000 dieser Frau und ihrer Tochter hinterließ und uns, seinen leiblichen Kindern, nur einen Dollar. Er hatte sich einige Monate, bevor er starb, von meiner Mutter getrennt, als sie beide Mitte achtzig waren. Das hat mich sehr verletzt und wütend gemacht und ich hatte eine schwere Zeit, darüber und über seinen Tod zu trauern.

In den Jahren nach seinem Tod habe ich versucht, für ihn und für mich zu beten, aber ich fühlte immer noch die Verletzung und den Zorn und ich habe das oft den Menschen gegenüber zum Ausdruck gebracht, mit denen ich darüber sprechen konnte. Den Kurs zu studieren, hat mich dazu inspiriert, es loszulassen. Während ich schon lange wusste, dass er selbst eine verletzte Person war und wahrscheinlich unfähig, ein guter Vater (oder Ehemann für meine Mutter) zu sein, begann ich durch den Kurs zu lernen, dass mein wahres Wesen als Kind Gottes unverletzlich ist. Schließlich, nach Jahren harter Arbeit als Mensch auf dem Heilungsweg, erkannte ich, dass er mich nicht wirklich dauerhaft verletzt hatte. In der Tat empfand ich auf eine seltsame Weise sogar ein gewisses Maß an Dankbarkeit, dass er tat, was er tat (und nicht tat). Ohne dies wäre ich nicht geheilt worden, als ich das geschrieben habe, was ich schrieb, darunter Das innere Kind Heilen und die zwei Bücher über den Kurs.

Ich kannte meinen Vater nie wirklich. Er konnte nicht ehrlich mit mir sein und ich empfand es als schwer, ehrlich zu ihm zu sein. Über die Jahre bin ich langsam dazu gekommen, ihn loszulassen. Der Kurs, Gebet, Wunder und Gott waren essentiell in meinem Heilungsprozess. Ob ich das, was geschehen ist,

Vergebung nenne oder bei einem anderen Namen, spielt für mich nicht so eine große Rolle, wissend, dass ich jetzt Frieden mit all dem erfahre.

Was insgesamt für mich geschah, war, dass ich zuerst versuchen musste einige meiner Stufe 0 Störungen zu heilen (siehe Tabelle 5). Dann musste ich auf einer noch tieferen Ebene eines erweiterten Genesungsprogramms der Stufe 2 heilen. Die meiste Zeit habe ich den Kurs studiert, aber ich habe nur das aus dem Kurs mitgenommen, wozu ich innerlich bereit war. Zu dieser Zeit war ich nicht fähig, auf einer tieferen spirituellen Ebene zu arbeiten, die ich Stufe 3 Genesung oder Heilung nenne, da ich mein Wahres Selbst (Inneres Kind) nicht gut genug kannte, um mein Wahres Ich von meinem falschen Ich (Ego) zu differenzieren. Nachdem ich viel von der Heilung auf Stufe 2 erledigt hatte, war ich in der Lage, den Kurs auf einer tieferen Ebene zu nutzen. Jetzt, wo ich durch Erfahrung erkannt habe, dass ich ein Kind Gottes bin, kann ich verstehen, was der Kurs über unsere spirituelle Identität, über die Reise zu Gott und über Vergebung sagt.

Im restlichen Verlauf dieses Kapitels werde ich noch mehr über mein Verständnis schreiben, was der Kurs über den Prozess der Vergebung sagt.

Der Prozess der Vergebung

Wapnick (1997) hat drei Schritte im Prozess der Vergebung beschrieben, die der Kurs aufzählt (in 1987 bot Robert Perry eine ähnliche Version dieser drei Schritte an). Die ersten beiden dieser Schritte tun *wir* und den dritten lassen wir *Gott* tun, wie in Tabelle 20 gezeigt wird. Während der Kurs diese Schritte aus verschiedenen Blickwinkeln beschreibt, möchte ich sie im Folgenden zusammenfassen.

Erstens

Der erste Schritt ist der schwierigste. Dies hat den Grund, dass es zuerst schwer sein kann, einzusehen, dass wir das Ego gemacht und gewählt haben (die Ego-Anhaftung), was uns „Erlösung" durch Trennung und Projektion unseres Schmerzes auf andere (in besonderen Beziehungen) angeboten hat. Der Kurs beschreibt diesen unbewussten Prozess von *Selbst-Verletzung* auf vielerlei Arten, von denen die vielleicht einfachste die Aussage ist: „ ... dass du dir dieses selber antust." (T-27.VIII.10)

Aber mit wiederholtem Scheitern werden wir frustriert. Schließlich begeben wir uns auf die Suche und finden dann einen anderen Weg. Dieser Weg kann der sein, damit zu experimentieren, Gott zu wählen und einfach zu beobachten, was in deinem inneren Leben passiert. Dies kann ein Ort sein, an dem sich unser spirituelles Erwachen noch mehr vertieft.

1) Realisiere: Ich verursache meinen eigenen Schmerz.

2) Bei jedem Gefühl von Schmerz: Wähle Gott.

3) Lasse Gott den Rest tun.

Tabelle 20
Drei Schritte der Vergebung
(aus EKIW & Wapnick 1997)

Schließlich können wir durch Versuch und Irrtum entdecken, dass die Ursache unseres Schmerzes in unserem eigenen Geist liegt. Der Kurs sagt:

„Wenn du begreifst, dass jeder Angriff, den du wahrnimmst, in deinem eigenen Geist ist und sonst nirgendwo, dann hast du endlich seine Quelle aufgespürt, und da, wo er beginnt, da muss er enden." (T-12.III.10)

Wenn ich (als mein Geist) mein Problem lösen und meinen Schmerz lindern kann, dann habe ich (als mein Geist) es verursacht durch den Glauben, mein Angreifer könnte mich verletzen.

Im Zwölf-Schritte-Programm der Anonymen Alkoholiker und anderen Selbsthilfegruppen ist dieser Schritt der Vergebung annähernd gleich zu ihren Schritten Nummer 1, 4, 5, 8, 9 und 10 (siehe *Die Zwölf Schritte* weiter oben)

Zweitens

Der nächste Schritt der Vergebung ist gewöhnlich einfacher als der erste. Das Problem mit ihm ist, dass wir inmitten von Konflikt und Schmerz oft so im Ego verwickelt sind und auch ansonsten unbewusst, dass wir nicht wissen, dass wir eine andere Wahl haben. Wir vergaßen. So ist unsere Aufgabe an diesem Punkt, zu *erinnern* und zu realisieren, dass wir *die Wahl haben*, uns für Gott zu entscheiden. Wir erinnern uns an Gott und treffen dann unsere Wahl. Gott zu wählen ist ähnlich der Zwölf Schritte 2, 3, 6, 7 und 11. Wir können dies tun, indem wir ein Gebet sprechen, meditieren oder eine andere spirituelle Praxis anwenden, die für uns funktioniert. Wir erinnern uns einfach und wählen Gott.

Im Abschnitt mit dem Titel „Wähle noch einmal" in Kapitel 31, sagt der Kurs:

„Prüfungen sind nur Lektionen, die du nicht gelernt hast und die dir nochmals dargeboten werden, so dass du dort, wo du vordem eine fehlerhafte Wahl getroffen hattest, jetzt eine bessere treffen und so allem Schmerz entrinnen kannst, den dir das brachte, was du vordem wähltest. In jeder Schwierigkeit, in jeder

Not und jeglicher Ratlosigkeit ruft CHRISTUS dich und sagt dir sanft: Mein Bruder, wähle noch einmal." (T-31.VIII.3)

Zuletzt

Der letzte Schritt der Vergebung ist es, das zu tun, was das Zwölf-Schritte-Programm als „Lass los und lass Gott" bezeichnet. Es ist nicht an uns, diesen Schritt zu tun, abgesehen von der Hingabe und dem Loslassen, sodass Gott den Rest tun kann. Der Kurs bezieht sich manchmal auf diesen Schritt mit den Worten „Ich brauche nichts zu tun". Hier und Jetzt lasse ich einfach los und lasse Gott.
Kapitel 18 des Textbuches besagt, dass wir, wenn wir Gott um Hilfe bitten, eine schmerzhafte Beziehung in eine heilige verwandeln und dadurch mehr Frieden erfahren. Die Erfahrung des Friedens geht einher mit der freudvollen Realisierung „Ich brauche nichts zu tun". (T-18.VII.5)

„Hier ist die letztliche Befreiung, die ein jeder eines Tages auf seine Weise und zu seiner Zeit finden wird. (...) Nichts tun heißt ruhen und einen Ort in dir schaffen, an dem die Aktivität des Körpers aufhört, Aufmerksamkeit von dir zu fordern. An diesen Ort kommt der HEILIGE GEIST und dort weilt er. ER bleibt auch dort, wenn du vergisst und wenn die Aktivitäten des Körpers wiederkehren, um dein Bewusstsein zu besetzen." (T-18.VII.6-7)

Der Prozess der Vergebung bedeutet nicht mehr und nicht weniger als beständig zu wiederholen oder dem Faden unserer vielen selbst-initiierten Wunder zu folgen. Und wir erfahren jedes Wunder durch das Wählen Gottes. In besonders schwierigen Zeiten müssen wir vielleicht Gott eine Minute oder eine Sekunde nach der anderen wählen.
Im Verlauf beschreibt der Kurs die gleiche Erfahrung – das Wunder – aus verschiedenen Perspektiven, darunter Vergebung, Erlösung, Heiliger Augenblick, Einheit und Versöhnung. Durch die Berichtigung des Geistes,

was ein Wunder genannt wird, ist Vergebung das Aufheben der hinderlichen Prinzipien des Egos: der Verleugnung und der Projektion.

„Vergebung ist der Schlüssel zum Glück.“

Ein Kurs in Wundern (Ü-121)

Mir selbst vergeben

Kapitel 19
Mir selbst vergeben

Wir lernen, anderen zu vergeben, auch um zu lernen, uns selbst zu vergeben. Wir projizieren unsere Konflikte (vor allem Scham, Schuld und Angst) auf andere und sehen schließlich, dass wir uns selbst vergeben können für das, was letztlich unsere eigene Selbstverletzung ist. Während andere uns misshandelt oder vernachlässigt haben mögen, kam der meiste Schmerz von unserem Missverständnis der Realität, als wir dem Ego seine Geschichte abkauften, dass wir schlecht seien, was der Kurs Schuld nennt, und was man auch toxische Scham nennen kann.

Das Ego erzählte uns, dass wenn die Verleugnung unseres Schmerzes nicht funktioniert, das Projizieren auf andere diesen lindern würde. In seinem Buch *Die Botschaft von Ein Kurs in Wundern* (1997) beschreibt Ken Wapnick die verrückte Wahrnehmung des Egos mit dem „Aufbau unserer drei Selbste", wie es in Tabelle 21 umrissen wird.

Wapnicks Verständnis des Kurses zu Folge

- nimmt **Selbst A** seine eigene Ego-Scham an (Ich bin schlecht).

- Es projiziert dann seine eigene akzeptierte Scham auf eine andere Person (**Selbst C**) (Du bist schlecht weil du mich schikanierst), woraus folgt,

- dass es sich wie **C**´s Opfer fühlt (**Selbst B**).

Wunder und Vergebung laden den Heiligen Geist ein, unser irrtümliches Denken in die Wahrheit Gottes zu verwandeln, was folgende Situation herstellt:

A` – Ich bin ein sündenloses Kind Gottes,
B` – Ich bin unschuldig und
C` – Du und andere sind unschuldig.

In seinen Lehren sagt uns der Kurs nicht, was zu tun ist in einem speziellen Fall von aktivem Kindesmissbrauch. Aber er sagt uns, dass wir uns nicht zu kreuzigen brauchen, was ich so interpretiere, dass wir uns *nicht unnötigem Schmerz auszusetzen brauchen.* Im Neuen Testament sagte Jesus: „Werft eure Perlen nicht vor die Säue." Wenn wir fortwährenden Missbrauch irgendeiner Art erfahren, denke ich, können wir jedem Täter gegenüber gesunde Grenzen setzen, was ich in *Boundaries and Relationships (Grenzen und Beziehungen)* beschreibe, und dann die Prinzipien des Kurses anwenden, wenn wir es wählen. Wenn wir dies tun, und Gott / den Heiligen Geist / Christus um Führung und Assis-tenz bitten, werden wir sehr wahrscheinlich auch unsere richtige Richtung finden.

Verrückte Wahrnehmung des Egos	Wandel / Heilung	Gottes Wahrheit
A **Ich bin schlecht: Selbsthass, Schuld, toxische Scham; projiziert auf dich (C)**	**Durch das Wunder und die Vergebung:**	**A`** **Ich bin ein sündenloses Kind Gottes.**
B **Ich bin ein Märtyrer / Opfer**	**Wir sind beide unschuldig.**	**B`** **Ich bin unschuldig.**
C **Du bist schlecht, da du mich schikanierst; projiziert auf dich, meine besondere Beziehung**		**C`** **Du und andere sind unschuldig.**

Tabelle 21
Unsere drei Selbste
(Erweitert nach Ken Wapnicks Sicht auf den Kurs 1997)

Manche Menschen glauben vielleicht, dass Vergebung durch bloßen Willen erreicht werden könnte. Sie denken, dass sobald sie diese initiiert haben, sie nur sagen müssen: „Ich vergebe dir!" und wie durch Magie soll sich all ihr Konflikt und Schmerz auflösen. Meiner Erfahrung nach funktionierte es nicht, wenn ich versucht habe, jemandem auf diese Weise zu vergeben. Aber wenn ich die Lehre des Kurses anwendete, hat es für gewöhnlich funktioniert.

Ich beende dieses Kapitel und die Gesamtheit dieses Buches mit zwei Paragraphen aus dem Geleitwort des Kurses, die die Vergebung so gut zusammenfassen, wie ich es sonst nie gesehen habe:

„Vergebung ist im HIMMEL unbekannt, wo das Bedürfnis danach unvorstellbar wäre. In dieser Welt jedoch ist die Vergebung eine notwendige Berichtigung für all die Fehler, die wir gemacht haben. Vergebung anzubieten ist die einzige Möglichkeit, sie selbst zu haben, denn sie spiegelt das Gesetz des HIMMELS wider, dass Geben und Empfangen dasselbe sind. Der HIMMEL ist der natürliche Zustand aller SÖHNE GOTTES, wie ER sie schuf. Das ist auf ewig ihre Wirklichkeit. Sie hat sich nicht verändert, nur weil sie vergessen wurde.

Vergebung ist das Mittel, durch das wir uns erinnern werden. Durch die Vergebung wird das Denken der Welt umgekehrt. Die Welt, der vergeben ist, wird zu des HIMMELS Pforte, weil wir uns durch ihr Erbarmen endlich selbst vergeben können. Indem wir keinen in der Schuld gefangen halten, werden wir frei. Indem wir CHRISTUS in allen unseren Brüdern anerkennen, erkennen wir SEINE GEGENWART in uns selber wieder. Indem wir alle unsere Fehlwahrnehmungen vergessen und wenn nichts aus der Vergangenheit uns zurückhält, können wir uns an GOTT erinnern. Darüber hinaus kann Lernen nicht gehen. Wenn wir bereit sind, wird GOTT SELBST den letzten Schritt in unserer Rückkehr zu IHM tun." (Ende des Geleitwortes zu EKIW)

Durch das Studieren des Kurses und das Anwenden seiner Prinzipien, habe ich realisiert, dass Vergebung kein Ideal ist. Stattdessen ist es eine Realität von großartiger praktischer Nützlichkeit, die uns hilft, Gott zu erinnern und Frieden zu erfahren. Wir können Vergebung erfahren, was auch „Loslassen" genannt werden kann, und ein Wunder bei jedem Mal, wenn wir Gott anstelle des Egos wählen.

„*Die Angst bindet die Welt. Die Vergebung gibt sie frei.*"

Ein Kurs in Wundern (Ü-332)

Epilog

Epilog

Nun, da ich den Kurs seit über 30 Jahren lese und studiere, habe ich manchmal ein methodenvermeidendes Verhältnis zu ihm. Zu Beginn war es die Neugierde, die mich zu ihm hinzog, und später der Frieden, den er mir versprach und oft auch gab. Er stieß mich aber aufgrund von zwei Erfahrungen auch ab. Anfangs fühlte ich mich manchmal überfordert beim Lesen, wovon ich heute weiß, dass es mein ängstliches und protestierendes Ego war. Dieses Unbehagen ging mit Unterbrechungen für ein paar Jahre einher und ist dann im Wesentlichen vergangen. Ich war auch nicht in der Lage, mehr als wenige Absätze oder Seiten auf einmal zu lesen aufgrund der konzentrierten Natur des Materials. Das mag damit verbunden sein, was ein Kollege über den Kurs sagte, dass „Jeder Satz schwanger ist mit spiritueller Information".

Für die letzten Jahre war meine Beziehung zum Kurs nahezu vollständig positiv. Während ich das Lesen fortsetzte, ihn studierte und manchmal lehrte, versuchte ich, mehr Sinn darin zu sehen. Einige meiner Lieblingstextstellen waren solche mit einem eher „linearen" Charakter, wie die „Was ist ...? - Abschnitte" (z.B. Was ist Vergebung?) aus dem Übungsbuch Teil II und dem Abschnitt der Begriffsbestimmungen am Ende des Handbuchs für Lehrer. Inspiriert von diesen und von den Fragen unserer Schüler aus dem Unterricht zum Kurs von Barbara und mir, plus meiner eigenen Frustration beim Studieren der mehr zirkulären Abschnitten, habe ich den Kurs in dieser Vogelperspektive umrissen.

Ich habe das Gefühl, dass für viele Leser dieses Unbehagen und die Frustration in manchen Situationen beim Lesen und Studieren des Kurses eine notwendige Komponente in unserem Heilungsprozess sein kann. Gleichzeitig habe ich gesehen, wie hilfreich er beim Erfahren von Wundern, Vergebung und Frieden war, wenn ich und andere Schüler und Lehrer unser Verständnis der Kurslehren verfeinerten. Und so schrieb ich diesen ersten Band:

Gott wählen: Ein Kurs in Wundern aus der Vogelperspektive.

Lehrer Gottes

Als ich das Kapitel 19 „Mir selbst vergeben" fertigstellte, realisierte ich, dass ich noch verschiedene weitere Themen zu behandeln hatte, die im Kurs als Schlüsselinformation präsentiert werden. Trotzdem beende ich diesen Band hier der Buchgröße wegen und aufgrund des Zeitpunktes der Veröffentlichung. Ich nannte den nächsten Band *Lehrer Gottes: Weitere Reflektionen zu Ein Kurs in Wundern*, in dem ich auf eine ähnliche Weise aus meinem Verständnis beschreibe, was der Kurs zu weiteren wichtigen Themen sagt, die ich aus Platzgründen nicht in diesem Band einbeziehen konnte.

Der Kurs sagt, wir seien alle Schüler und Lehrer Gottes. Im zweiten Band werde ich die Merkmale der Lehrer Gottes umschreiben, einschließlich Vertrauen, Ehrlichkeit, Toleranz, Sanftheit, Freude, Wehrlosigkeit, Großzügigkeit, Geduld, Treue und Offenheit. Ich werde auch andere wichtige Themen diskutieren wie: **Heilung, der Körper und die Welt, Zeit, Sünde, Unschuld, der Träumer und der Traum, Größe und Größenwahn, die Versöhnung, Gebet und der Friede Gottes.**

Ich hoffe, dass dieses Buch dir ein klareres Verständnis des Kurses gibt, der das spirituell spannendste, nährendste und nützlichste Buch ist, das ich je gelesen habe. Obwohl es nicht möglich ist, den Kurs zusammenzufassen oder zu verkürzen, kann dieses Buch *Gott wählen* dir helfen, dich mehr auf das Lesen und Studieren der Worte in Ein Kurs in Wundern selbst zu konzentrieren. Die Botschaft seines Autors, den ich den lebendigen Christus nenne und andere Jesus, ist in nahezu jedem Satz und in der Gesamtheit seiner drei Bände enthalten. Der Kurs war mir eine großartige Hilfe und ich hoffe, er wird dir auch zugutekommen.

In Liebe und Frieden,
Charles Whitfield

Atlanta, GA im Juli 2010

Anhang

Anhang

Evolution der Versionen des Kurses – Eine Zusammenfassung

Kurslehrer und Autor Robert Perry schafft einen Überblick über die Evolution der Kursversionen in einem wissenschaftlichen Artikel auf seiner Website www.circleofa.org, den ich unten zusammenfassen werde.

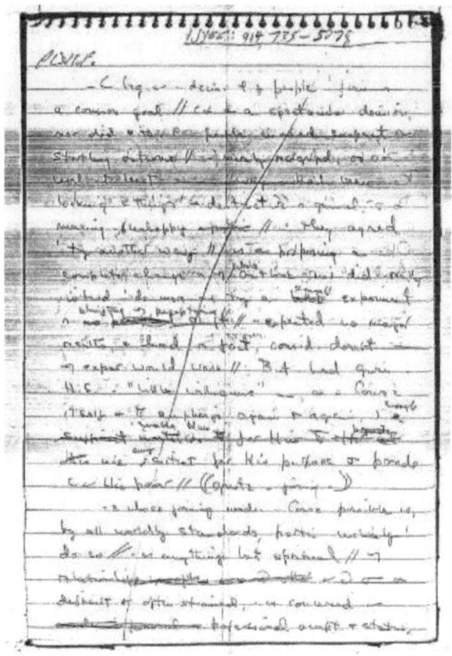

Als die Stimme zu Helen sagte: „Dies ist ein Kurs in Wundern, bitte mache Notizen." begann Helen in dieser Weise zu schreiben. Dies ist die erste Seite ihrer Notizen.

Tabelle 22
Versionen des Kurses

Beispiele für Unterschiede	Urtext Version	Hugh Lynn Cayce Version	Standard Kurs
Datum	1972		1975/6 1992/5
Beschreibung	Was Bill von Helens Stenographie Notizbüchern abtippte von 1965 bis 1972	Helens erneutes Abtippen des zweiten Entwurfs	Helen und Ken machen die finale Bearbeitung
Dynamiken und Layout	Fortlaufend, ohne Abschnitte oder Kapitel im Text. Großschrift, Punktierung und Absatzbildung sind von grober Art.	1972: Ein Mittelweg zwischen Urtext und dem Standard Kurs. Helen und Bill bereinigen das rohe Original-Diktat und gestalten es lesbarer.	... und veröffentlichen es mit Judy Skutch von der Foundation for Inner Peace als die Erste (1976) und später die Zweite (1992) Edition.
Editoren	Helen Schucman – Schreiberin / Editorin Bill Thetford – Schreibkraft / Editor		Helen Schucman – Schreiberin / Editorin Ken Wapnick – Editor

Beispiele für Unterschiede	Urtext Version	Hugh Lynn Cayce Version	Standard Kurs
Gründe	Geburt des Kurses	Die Notwendigkeit, den Kurs klarer und leserfreundlicher zu machen.	Zweckmäßige Notwendigkeit, den Kurs leserfreundlich für die durchschnittliche Person zu gestalten.

Der Urtext

Das, was Bill von Helens stenographischen Notizbüchern von 1965 bis 72 abgetippt hat. Die Stimme, die Helen hörte – Jesus – gab Helen und Bill Anweisungen zur Bearbeitung des Kurses. Er erwähnte zwei Arten von Veränderungen:

1. **Entferne Material, das alleine an euch gerichtet ist** (Helen und Bill). Zum Beispiel spricht Jesus über Helen und Bills persönliche Leben, Beziehungen, Interaktionen und Entwicklungsthemen.

2. **Korrigiere Schreibfehler.** Zum Beispiel sagte Jesus Helen oft in dem frühen Stadium des Diktats, dass sie ihn falsch gehört habe, und korrigierte dann, was sie geschrieben hatte, manchmal mehr als einmal. Das meiste wurde den Anweisungen nach von Helen und Bill korrigiert.

In der eigentlichen Bearbeitung des Urtexts gingen Helen und Bill über diese zwei Arten der Änderungen hinaus und entfernten auch das Folgende:

- Psychologisches Material (die Beziehung des Kurses zu den Denksystemen von Freud, Jung und Rank)
- Die Diskussion verschiedener Lebensthemen (zum Beispiel Sex, Homosexualität, Partnerwahl, die Rolle des Lehrers)
- Religiöses und theologisches Material (z.B. Engel, Reinkarnation, Karma, Besessenheit von Geistern, Sprechen in fremden Zungen, Hexenkräfte)
- Vermischte Themen (z.B. der Holocaust, Sommer- und Winterzeit, die CIA, Alkoholismus, Alchemie, Geld, politische Wahlen)

Helen und Bill verschoben auch in der Standardversion des Kurses über 6.000 Wörter von ihrer ursprünglichen Position, größtenteils weil die Wunder-Grundsätze ursprünglich eingestreut auftauchten, einhergehend mit der Diskussion von teils verwandten Themen und weniger verwandten Themen. Der Gedankenfluss der frühen Passagen ist abgehackt. Das Material gleicht mehr einem Dialog zwischen Helen und Jesus als dem Monolog des späteren Kurses. Jesus sprach oft persönlich zu ihnen. Helen unterbrach ihn oft und Jesus antwortete, machmal auf die Weise, einzuschreiten und etwas zu korrigieren, was Helen niedergeschrieben hatte, mit dem Einwand, sie habe ihn falsch verstanden.

Die größten Unterschiede zwischen dem Urtext und dem Standard Kurs sind in den ersten vier bis neun Kapiteln des Textbuches zu finden und die Anzahl an Bearbeitungen nimmt nach und nach ab. Andrew Allansmith zu Folge entfernten Helen, Bill und später Ken Wapnick im Ganzen etwa 48.000 Wörter von der Urtext Version bis zum Standard Kurs. Das Entfernen nimmt nach und nach ab, bis in Kapitel 9 nur 200 Wörter gelöscht wurden und in Kapitel 10 lediglich 37 Wörter. Helen tippte den Urtext erneut ab und produzierte – Ken Wapnick zu Folge – auf effektive Weise eine neue Version, in dem sie die Bearbeitung direkt beim Prozess der Abschrift machte, was Wapnick „den Zweiten Entwurf" nannte. Manche Menschen vermuten, dass der momentan im Internet verfügbare Urtext eigentlich eine Kombination des Urtextes und des Zweiten Entwurfs ist, der seit dem Jahr 2004 zugänglich ist. Um den vollständigen Überblick zu bekommen schlage ich vor, Robert Perrys klaren Artikel auf www.circleofa.org zu lesen. Um eine Kopie des originalen Urtext zu erhalten, die eigentlichen Kopien der Schreibmaschinenschrift von Bill Thetford mit Jesus Originaldiktat aus Helens Notizbüchern, die 60 Seiten besondere Botschaften enthalten sowie 1.800 Seiten mit Helen und Bills gelegentlichen handgeschriebenen Bearbeitungen, kontaktiere Andrew Allansmith über die Webseite: www.spiritualear.org/urtext.html

Hugh Lynn Cacye Version

Benannt nach dem Sohn des berühmten Medialen Edgar Cayce. Hugh Lynn war eine Unterstützung für Helen während der Niederschrift des Kurses gewesen und 1972 sendeten sie und Bill ihm eine grob bearbeitete Kopie der vervollständigten Urtext Version. Sie nannten Sie die Hugh Lynn Version und diese wurde im Volksmund bekannt als diese oder als HLC. Die HLC bildet einen Mittelweg zwischen der Urtext Version und dem Standard Kurs: Viel von dem persönlichen und professionellen Material wurde entfernt, genauso wie Referenzen zu Helen und Bill. Kapitel- und Abschnittsübergänge wurden dem Text beigefügt. Großschrift, Punktierung und Paragraphierung wurden bereinigt. Der Gedankenfluss in den frühen Abschnitten wurde geglättet. Etwa 1.000 Wörter wurden verschoben und an einer anderen Stelle lokalisiert. Die HLC Version des Textes ist erhältlich als die Original Edition der Course in Miracles Society: www.jcim.net

Standard Kurs

Im Jahr 1973 zeigte Helen den Kurs Ken Wapnick, welcher sagte „Ich kommentierte Helen und Bill gegenüber, dass ich dachte, das Manuskript brauche etwas zusätzliche Bearbeitung. Einiges des persönlichen und professionellen Materials war noch enthalten und schien unpassend für eine veröffentlichte Edition. Die ersten vier Kapitel lasen sich überhaupt nicht gut, zum großen Teil dadurch bedingt, dass das entfernte persönliche Material Lücken im verbleibenden Text bildete und somit geringe Wortergänzungen benötigte, um einen gleichmäßigen Übergang zu ermöglichen. Außerdem erschienen mir einige Unterteilungen des Materials willkürlich und viele der Abschnitts- und Kapitelüberschriften stimmten nicht wirklich mit dem Material überein... Schließlich waren Absatzgestaltung, Zeichensetzung und Großschreibung nicht nur eigenwillig, sondern auch notorisch uneinheitlich. Helen und Bill waren sich einig, dass der Text noch einmal durchgesehen werden musste. Da Bill nicht über die nötige Geduld und Detailgenauigkeit verfügte, beschlossen wir, dass Helen und ich es gemeinsam durchgehen sollten... Ich hatte Helens Aussage zitiert, dass sie *Ein Kurs in Wundern* als ihr Lebenswerk ansieht, und sie ging das Editionsprojekt mit wirklicher Hingabe an. Sie und ich gingen jedes Wort akribisch durch, um sicher zu sein, dass das endgültige Manuskript richtig war."

Als Helen und Ken fertig waren, hatten sie so viel über den HLC hinaus überarbeitet, wie der HLC über den Urtext hinausging:

1) Sie änderten einige der Kapitel- und Abschnittsumbrüche und Überschriften;
2) außerdem die Absatzgestaltung, Zeichensetzung und Großschreibung.
3) Sie entfernten noch mehr persönliches und berufliches Material, so dass jetzt insgesamt 48.000 persönliche Worte über Helen und Bill und andere Wörter aus dem Urtext entfernt wurden.

Das Ergebnis war der Standardkurs, der zuerst 1975 als die so genannte [Eleanor] Criswell Edition gedruckt wurde [für welche Judy Skutch gebeten wurde, 300 Exemplare bei EC's Free Person Press zu drucken] und dann 1976 als First Edition veröffentlicht wurde (die Versionen, die kürzlich in dem unten beschriebenen Gerichtsverfahren vom Urheberrecht befreit wurden). Zwischen diesen beiden Auflagen schrieb Helen im Herbst 1975 die Begriffsbestimmungen, die sie dem Lehrerhandbuch hinzufügte. Diese erste Ausgabe ist nicht mehr an das Urheberrecht gebunden, wie weiter unten erklärt wird.

Zweite Auflage

Veröffentlicht 1992 von der Foundation for Inner Peace. In der Einleitung zu einer Broschüre mit dem Titel *Errata for the Second Edition of A Course in Miracles* (Errata für die zweite Ausgabe von Ein Kurs in Wundern) fasst Ken Wapnick zusammen, dass das sich entwickelnde Kursmanuskript mehrmals neu abgetippt worden war, bevor es schließlich gedruckt wurde. Helen hatte den Text zweimal neu abgetippt (die zweite war die HLC) und "keine dieser Neutippungen wurde jemals korrekturgelesen", Helen und Kens Bearbeitung des Textes wurde vor dem Druck noch zweimal neu abgetippt. Da diese Neutippungen "ebenfalls nicht ausreichend korrekturgelesen" wurden, wurde einiges versehentlich ausgelassen. Außerdem blieben einige Tippfehler unbemerkt. Als die zweite Auflage des Kurses in Angriff genommen wurde, schien es daher an der Zeit zu sein, das gelöschte Material einzufügen und alle früheren Fehler zu korrigieren. Um sicherzustellen, dass die Zweite Auflage so fehlerfrei wie möglich ist, wurden die drei Bücher der Ersten Auflage mit dem Urtext verglichen, den Bill ursprünglich aus Helens Notizen getippt hatte, und es wurden alle Neuabschriften sowie Helens ursprüngliche Stenohefte konsultiert, um die gefundenen Fehler und Auslassungen zu ermitteln. Die Zweite Ausgabe enthält daher 97 Sätze und sechs komplette Absätze, die versehentlich herausgefallen waren.

Die Zweite Ausgabe enthält auch ein Nummerierungssystem für Abschnitte, Absätze und Sätze, das in der Ersten Ausgabe nicht vorhanden war. Dies ist die Version, die die meisten Leser jetzt haben.

Mein persönlicher Gebrauch

Ich habe die meisten Versionen. Ungefähr 1977 kaufte ich mir die Erste Ausgabe und las sie mindestens zweimal, dann *Lied des Gebets* und *Psychotherapie* (beide jetzt in der Dritten Ausgabe enthalten). In den 1980er Jahren hörte ich dann mehrmals die von Kelly Love gelesene Audioversion, sah mir mindestens acht Mal die Videokassette von *The Forgotten Song* und *The Song Remembered* an, las in den frühen 1990er Jahren mehrmals die Zweite Auflage und begann nach 1996 damit, diese Bücher zu schreiben. Dann besorgte ich mir die HLC und den Urtext.

In seiner klaren und ausführlichen Beschreibung merkt **Robert Perry** an, dass der schiere Umfang der zeilenweisen Bearbeitung einen zurückwerfen kann, da wir daran gewöhnt sind, die Worte des Kurses als direkt von Jesus stammend zu betrachten. Die folgende Beispieltabelle auf der nächsten Seite gibt dir einen Eindruck von der zeilenweisen Bearbeitung und sollte auf zwei Arten gelesen werden. Lies zuerst jede Spalte von oben nach unten. Lies dann jede Zeile quer, so wie sie sich in den verschiedenen durch die verschiedenen Versionen entwickelt.

Urtext	Hugh Lynn Cayce	Standard Kurs
Du teilst nun meine Unfähigkeit	Da du meine Unfähigkeit teilst	Da du meine Nicht-bereitschaft teilst
Den Mangel an Liebe zu tolerieren	Den Mangel an Liebe zu tolerieren	Irrtum zu akzeptieren
In dir selbst und in jedem anderen	In dir selbst und anderen	In dir selbst und anderen

Und müssen sich verbinden	Ihr müsst euch verbinden	Ihr müsst euch verbinden
Der Wahlspruch für diesen Kreuzzug ist: „ Höre zu, lerne und handle.“	Der Wahlspruch für diesen Kreuzzug ist: „Höre zu, lerne und handle.“	
Dies bedeutet, meiner Stimme zuzuhören	Höre meiner Stimme zu	Höre meiner Stimme zu
Lerne, den Irrtum ungeschehen zu machen	Lerne, Irrtum ungeschehen zu machen	Lerne, Irrtum ungeschehen zu machen
Und tue etwas, um es zu korrigieren	Und tue etwas, um es zu korrigieren	Und handle, um es zu korrigieren

Tabelle 23
Änderungen am Text in der Zweiten Auflage

2004 wurde das Taschenbuch für den allgemeinen Markt veröffentlicht und 2007 kam die dritte Auflage des Kurses heraus. Eine hervorragende Zusammenfassung der Entwicklung des Kurses aus der persönlichen Perspektive von Helen und Bill, wie sie von Ken Wapnick und Judy Skutch erlebt wurde, ist erhältlich auf zwei DVDs als *Memories of Helen and Bill* bei der Foundation for Inner Peace (ACIM.org).

Eine kurze Kontroverse über das Urheberrecht des Kurses

Anfang der 1990er Jahre wurde die Durchsetzung des Urheberrechts von *Ein Kurs in Wundern* durch die Rechteinhaber (die Foundation for Inner Peace, die Foundation for A Course in Miracles und Penguin) immer restriktiver, was zu Klagen führte.

Eine dieser Klagen wurde 1996 von den Urheberrechtsinhabern gegen die First Christian Church of Full Endeavor (auch bekannt als Endeavor Academy) eingereicht. Die Klage behauptete, dass Endeavor ihr Urheberrecht am Kurs verletzt habe, indem sie große Teile des Kurses ohne ihre Zustimmung veröffentlicht habe. Die Beklagten erklärten, dass deren Urheberrecht für `A Course in Miracles` ungültig sei. Nach sieben Jahren, am 24. Oktober 2003, entschied Richter Robert Sweet vom Southern District Court of New York, dass das Urheberrecht der ersten Ausgabe von `A Course in Miracles` ungültig ist. Er gab den Urheberrechtsinhabern Zeit, gegen die Entscheidung Berufung einzulegen, was sie nicht taten. Das Urheberrecht an der ersten Ausgabe des Kurses wurde damit offiziell und endgültig aufgehoben. Lies auch Robert Perrys Kommentar dazu, was das endgültige Urteil für die Zukunft des Kurses bedeutet, und lies seinen Artikel `And Now It Belongs to the World` sowie den Artikel von Rev. Tony Ponticello auf circleofa.org mit dem Titel `The Copyright`.

Websites für weitere Informationen über den Kurs

Circle Of Atonement ... würdigt die Weite und Tiefe des Kurses mit radikalen, bewusstseinserweiternden Ideen und detaillierten Anweisungen für die praktische Anwendung. ... basiert auf einem langen und gründlichen Studium des Kurses und wurde durch persönliche Erfahrung getestet.*
www.circleofa.org

<u>www.facim.org</u> Ken und Gloria Wapnicks informative Website, die den Zweck und die Aktivitäten der Stiftung sowie die Inhalte von Ein Kurs in Wundern vorstellt.

<u>www.acim.org</u> Website der Foundation for Inner Peace, der ursprünglichen Organisation, die von der Schreiberin Helen Schucman beauftragt wurde, das einzige autorisierte Manuskript von Ein Kurs in Wundern zu veröffentlichen und zu verbreiten.

Informationen über Personen, die direkt involviert waren bei der Entstehung von Ein Kurs in Wundern:
<u>www.web.archive.org/web/2006012809211o/www.miraclestudies.net/Biographical.html</u>

*Anm. d. Übers.: Mittlerweile hat Robert Perry noch eine weitere Version des Kurses veröffentlicht, die alle Worte des ursprünglichen Diktats an Helen Schucman enthält. Diese ist bisher auf englisch erhältlich beim Circle of Atonement als *A Course in Miracles - Complete and Annotated Edition.*

Über den Autor

Charles L. Whitfield, MD, ist ein Pionier auf dem Gebiet der Suchterkrankungen und der Traumabewältigung, einschließlich der Art und Weise, wie wir uns an Kindheitstraumata und anderen Missbrauch erinnern. Als Arzt und Therapeut, der Traumaüberlebende bei ihrer Heilung unterstützt, ist er Autor von über 65 veröffentlichten Artikeln und 12 Büchern, von denen einige zu Bestsellern wurden. Er schreibt über Traumapsychologie, Spiritualität und Genesung. Heilung des inneren Kindes, Boundaries and Relationships (Grenzen in Beziehungen) gehören zu den Klassikern auf diesem Gebiet. Fünf seiner Bücher wurden in elf Sprachen übersetzt und veröffentlicht. Dr. Whitfield war einer der ersten Ärzte, der an einer medizinischen Hochschule über Spiritualität in der Genesung lehrte. Seit 1995 wird er von seinen Fachkollegen zu einem der besten Ärzte Amerikas gewählt. Seit über 23 Jahren unterrichtet er am Institut für Alkohol- und Drogenstudien der Rutgers University. Vor kurzem wurde er von der Atlanta Therapeutic Professional Community mit ihrem jährlichen Lifetime Achievement Award ausgezeichnet.

Seit 1998 ist er Berater und Forschungsmitarbeiter bei den Centers for Disease Control and Prevention und untersucht die Nachwirkungen bei Erwachsenen, die als Kinder wiederholt traumatisiert wurden. Er ist Mitglied der American Society for Addiction Medicine. Zusammen mit seiner Frau Barbara hat er eine Privatpraxis in Atlanta, Georgia, wo sie Einzel- und Gruppentherapien für Traumaüberlebende und Menschen mit Suchtproblemen und anderen Lebensproblemen anbieten. Er und Barbara haben Kurse über *Ein Kurs in Wundern* unterrichtet und sind seit kurzem Mitglieder des Lehrkörpers des Center for Sacred Studies, wo sie ein Modul über "Einheit in der Praxis" für die Absolventen des zweiten Studienjahres unterrichten, die zu Geistlichen des Gebetsdienstes ausgebildet werden. Gemeinsam arbeiten sie als beratende Redakteure für das Journal of Near-Death Studies und sitzen im Beirat des American Center for the Integration of Spiritually Transformational Experiences (ACISTE). Weitere Informationen findest du unter:

www.charleswhitfield.org

Die in *Gott wählen* dargestellte Interpretation des Kurses spiegelt das Verständnis und die Erfahrung von Charles L. Whitfield und anderen, die im Buch zitiert werden, wider und gibt nicht notwendigerweise die Ansichten der Foundation for Inner Peace wieder. Die Ideen stellen die persönliche Interpretation und das Verständnis des Autors dar und werden vom Urheberrechtsinhaber von *A Course in Miracles* gebilligt. Ich bin der Foundation for Inner Peace dankbar für die Erlaubnis, ausgewählte Passagen aus *A Course in Miracles* zu zitieren. Wie in diesem Buch empfohlen, rate ich jedem Leser, sich auf die Lehren des Kurses selbst zu beziehen und sich nicht auf meine oder die Interpretationen anderer zu verlassen.

A Course in Miracles wird von der Foundation for Inner Peace herausgegeben,
P.O. Box 598, Mill Valley, CA 94942, veröffentlicht und unterliegt dem Copyright der Stiftung.

Literaturangaben

Anonymous: A Course in Miracles , Foundation for Inner Peace

Anonymous: Supplements to A Course in Miracles, Foundation for Inner Peace

Berke D: Love Always Answers: Walking the path of miracles. Crossroad. NY, 1994

Findisen B: ACIM Concordance to Volume One: Text. Coleman Graphics. Farmingdale, NY, 1983

Foundation for Inner Peace The Story of A Course in Miracles Mill Valley, CA www.acim.org

Funk RW and The Jesus Seminar: The Gospel of Jesus: According to the Jesus Seminar. Polebridge Press 1999

Lazaris: Releasing negative ego (taped talk). Concept Synergy, Palm Beach, Fl, 1986

Jyoti and Russell Park, Center for Sacred Studies, California. Ambassador to the International Council of 13 Indigenous Grandmothers, dedicated to peace and unity for all people. www.sacredstudies. org

Metzger BM, Coogan MD (eds): The Oxford Companion to the Bible. Oxford University Press, NY, 1993

Mundy J: Awaken to Your Own Call: Exploring ACIM. Crossroad, NY, 1994

Mundy J: Time, Death and A Course in Miracles. Prints of Peace, Monroe, NY, 1975

Perry R: Reality & Illusion: An overview of (Course metaphysics. Part 1. The Circle of Atonement, Sedona, AZ 1993

Perry R: Path 1 of Light: Stepping into Peace with A A Course in Miracles. Circle Publishing, Sedona, AZ 2004

Perry R: Return to the Heart of God: The Practical Philosophy of A Course in Miracles. The Circle of Atonement, Sedona, AZ 2007

Skutch R: Journey Without Distance: The story behind A Course in Miracles. Celestial Arts, Berkeley, CA 1984

Sylvest VM: The Formula Sunstar Publishing Ltd. Fairfield, IA 1996

Vahle N: A Course in Miracles: The Lives of Helen Schucman and William Thetford. Open View Press 2009

Vaughan F, Walsh R: Accept This Gift. Tarcher/Perigee Books. New York,

NY 1983

Watson A: Seeing the Bible Differently. The Circle of Atonement, Sedona, AZ 1997

Wapnick K: Concordance of A Course in Miracles. Foundation for Inner Peace 1997

Wapnick K: The Fifty Miracle Principles of "A Course in Miracles :A Commentary on the Text, pages 1-4. Foundation for ACIM I985 Wapnick K: Absence from Felicity: The Storv of Helen Schucman and Her Scribing of A Course in Miracles. Foundation for ACIM I991

Wapnick K: A Vast lllusion: Time according to ACIM. Foundation for ACIM, 1990

Wapnick K: Christian Psychology in ACIM (booklet). Foundation for Inner Peace, Mill Valley, CA I976

Wapnick K: Glossary Index for ACIM. 3rd ed. Foundation for ACIM 1989

Wapnick, K: The Message of A Course in Miracles. vols. 1 and a Foundation for ACIM 1997

Wapnick K: Talks on ACIM. Silver Spring, MD about 1982, and Psychist: Institute of Washington continuing education workshop about 1982

Wapnick G: quoted in Davies TL: Interview with Kenneth and Gloria Wapnick. Love and Forgiveness 1:2 (March/April), p.23, 1997

Wapnick K: Scriptural Index for A Course in Miracles. 2006 An index of more than 800 scriptural references found in the Course, cross-referenced to the Bible

Wapnick K, Skutch Whitson J. Memories of Helen and Bil. Foundation for Inner Peace, Mill Valley, CA www.acim.org

Whitfield BH: Spiritual Awakenings. Health Communications, Deerfield Beach, FL I995

Whitfield BH: The Natural Soul: Unity with the Spiritual Energy that connects us. Muse House Press, Atlanta, 2010

Whitfield CL: Chapter 65. Co-dependence, addictions, and related disorders. in Lowinson, et al (eds): Substance Abuse: A Comprehenslve Textbook. 3rd edition, Williams & Wilkins, Baltimore, 1997 (also in Second Edition, 1992)

Whitfield CL, Whitfield BH, Prevatt J, Park R: The Power of Humility: Choosing Peace over Conflict in Relationships. Health Ccommunications,

Deerfield Beach, FL, 2006 -- Refers to the Course often

WhitfieldCL (in process for 2010 /or 11). You May NOT be Mentally ll: Misdiagnosed and mistreated with drugs that don't work or make you worse. Muse House Press, Atlanta www.MuseHousePress.com

Whitfield CL: Healing the Child Within. Health Communications, Deerfield Beach, FL 1986

Whitfield CL: A Gift to Myself. Health Communications, Deerfield Bch, FL 1990

Whitfield CL: Boundaries and Relationships. Health Communications, Deerfield Bch, FL 1993

Whitfield CL: Spiritual energy: Perspectives from a map of the psyche and the Kundalini process In Kundalini Rising: Exploring the energy of awakening. Sounds True, Boulder CO 2009

Whitfield, B: Mental and emotional health and the Kundalini process. In Kundalini Rising: Exploring the energy of awakening. Sounds true, Boulder CO. 2009

Whitfield, B: Final Passage: Sharing the Journey as this life ends. Health Communications, Inc. Deerfield Bch, FL 1998

Williamson M: Return to Love (deutscher Titel: Rückkehr zur Liebe) 1993

Jesus-Books

Verlag für junges Bewusstsein

Ein Kurs in Wundern setzte eine Flutwelle in Bewegung, die immer noch die Umrisse aller geistigen Ufer verändert, die sie berührt. Mit seiner Verbreitung entstehen neue Bedürfnisse - so u.a. der Wunsch, die lebendige Wirklichkeit des Kurses selbst zu erfahren.

Während des Jahres 1990 wurde alles in Hörform von Brent Haskell empfangen, der sich bereits fünf Jahre lang mit der transformativen Weisheit des Kurses auseinandergesetzt hatte. Der eigentliche Autor von bezeichnet sich selbst als Jeshua.

Dieses Material gibt vielen der anscheinend schwierigen Konzepte des Kurses eine neue und erfrischende Einfachheit. Es ist äußerst hilfreich sowohl für fortgeschrittene Schüler als auch für Anfänger und Arbeitsgruppen, besonders für die, denen niemand zur Verfügung steht, der den Kurs gut kennt und ihnen das Studium erleichtert.

Im Wesentlichen ist "Eine Reise, die über Worte hinausgeht" der von Jeshua gesegnete Führer zum Studium und zur Anwendung des Kurses auf der Ebene des innersten Heiligtums, wo, in der Gegenwart der Wahrheit, kein Führer oder Begleiter notwendig ist, da niemand höher ist oder näher steht.

Vor allen Dingen ist »Die Innere Stimme« dazu gedacht, uns immer näher zu dem beständigen Bewusstsein unserer innersten Führung zu bringen. Aber darüber hinaus gelangen wir dadurch, dass wir lernen, dieser Stimme wahrhaft zuzuhören und ihr zu folgen, zu einem Frieden, den diese Welt nicht zerstören kann.

Beide Bücher von Brent Haskell
in 3 verschiedenen Formaten erhältlich:
Softcover oder Hardcover in normaler Schrift
und Softcover in großer Schrift
https://www.jesus-books.de

Jesus-Books

Verlag für junges Bewusstsein

DER WEG DER MEISTERSCHAFT
besteht aus der Trilogie:
„Der Weg des Herzens", "Der Weg der Transformation",
und "Der Weg des Wissens"

Alle drei Bücher sind Übungsbücher zum spirituellen Erwachen, niedergeschrieben von den Original-Tonband-Aufnahmen, die Jesus/Jeshua in Gemeinschaft mit Jayem (John Marc Hammer) als Channel gemacht hat. Übersetzt aus dem Englischen von Rieka Würtz (https://www.zeitundraum.jetzt)

Diese Liebe, DIE GOTT IST, bleibt für immer unbegreiflich! Der SONNENSTRAHL kann niemals die SONNE erfassen. Ich bin ein SONNENSTRAHL von dieser SONNE. Du bist ein SONNENSTRAHL von dieser SONNE. Wir sind daher aus EINEM WESEN gemacht, und dieses WESEN alleine erhält uns durch die Ewigkeit hindurch. Und die größte aller Freuden ist es, dich vollkommen dem Erlauben hinzugeben, das DIESES LICHT ohne Unterlass deinen Weg erleuchtet.

Jeshua

Beide Bände bestehen aus 12 Lektionen, die mit der Intention gegeben wurden, mit jeder mindestens 30 Tage zu leben, um sie gründlich zu verinnerlichen.

Was du in den Händen hältst ist ein Meisterschlüssel, doch ein Schlüssel ist nur in dem Ausmaß dienlich, indem wir unsere Hände um ihn legen, ihn in die Schlösser an unseren Herzen und unserem Geist einstecken und ihn umdrehen.
Dieses Buch enthält 11 Lektionen.

Alle 3 Bücher als Softcover zu bestellen unter
https://www.jesus-books.de

Jesus-Books

Verlag für junges Bewusstsein

„Mit diesem Buch hältst du den Ruf des Lebens nach Dir selbst in der Hand. Die Sehnsucht von Liebe und Freiheit nach Dir. Denn sie brauchen Dich genauso sehr wie Du sie - warten sehnsüchtig darauf, durch Dich den Eintritt in die Welt zu erlangen und zu erfüllen, wozu sie gemacht wurden.

Diese Welt und alle Wesen, die auf ihr wandeln, zurück nach Hause zu führen. Zurück in Dein und sein Himmelreich auf Erden."

„Liebe und Freiheit – Die Elemente des Göttlichen" basiert auf den Grundlagen und Erkenntnisse aus Kurs in Wundern und beleuchtet die jeder Schöpfung zu Grunde liegenden Werte und Gesetze – Liebe und Freiheit – in unseren ganz persönlichen Lebensbereichen. Ein kraftvolles und effektives Werkzeug auf dem Weg des Erwachens in den Weg der Liebe, das uns mit einfachen und tiefgreifenden Erkenntnissen dabei unterstützt, uns an unsere wahre Essenz zu erinnern. Dabei werden wir mit dem Spiegel unseres Egos und unserer Schutzmechanismen genauso konfrontiert, wie mit den Fragen, wie wir wahrhaftige und heilige Liebesbeziehungen aufbauen und das Zeitalter der Liebe mit unserer Schöpferkraft einleiten können. Ein Buch, das aufrüttelt und verändert. Ein Buch, was empfangen wurde und nicht erdacht.

Als Softcover mit 173 Seiten zu bestellen unter https://www.jesus-books.de

Jesus-Books

"Ein Kurs in Wundern ist das spirituell spannendste Buch, das ich je gelesen habe. Ich habe keine andere spirituelle Schrift gefunden, die intellektuell so anregend und doch so praktisch in unseren Beziehungen zu uns selbst, zu anderen und zu Gott ist.

Charles Whitfield

Lehrer Gottes bildet den Folgeband zu **Gott wählen** von Charles Whitfield. In Band II werden einzelne Themen von **Ein Kurs in Wundern** genauer erläutert. Jedes Kapitel ist einem Kernprinzip gewidmet. Darunter sind Begriffe wie Unschuld, Heilung, Zeit, der Traum, Gebet, der Körper & die Welt, Gottes Wille sowie das Lehren und Lernen, was dem Buch seinen Titel verliehen hat.

Charles Whitfield hat über mehr als 30 Jahre mit dem Kurs gelebt, ihn unterrichtet und als Psychologe damit gearbeitet. Dieser breite Erfahrungsschatz macht sein zweibändiges Werk über den Kurs zu einer praxisorientierten und lebendigen Lesebegleitung, in der es gelungen ist, die Kernthemen zu entschlüsseln und auf leicht verständliche Weise darzustellen.

Verlag Jesus-Books - www.jesus-books.de
Übersetzt und herausgegeben von:
Florian Daniel - www.praxis-freiraum.one

ISBN 978-3-98844-013-6